玫琳凯传

杨　帆◎著

时代文艺出版社

图书在版编目（CIP）数据

玫琳凯传／杨帆著．—长春：时代文艺出版社，2015.12（2023.7重印）
（世界商业名人传记丛书）

ISBN 978-7-5387-4834-5

Ⅰ．①玫… Ⅱ．①杨… Ⅲ．①玫琳凯－传记 Ⅳ.①K837.125.38

中国版本图书馆CIP数据核字（2015）第210457号

出 品 人　陈　琛
责任编辑　余嘉莹
装帧设计　孙　利
排版制作　隋淑凤

玫琳凯传

杨帆 著

出版发行／时代文艺出版社
地址／长春市福祉大路5788号　龙腾国际大厦A座15层　邮编／130118
总编办／0431-81629751　发行部／0431-81629755
官方微博／weibo.com／tlapress　天猫旗舰店／sdwycbsgf.tmall.com
印刷／北京市一鑫印务有限公司
开本／710mm×1000mm　1／16　字数／150千字　印张／12
版次／2015年12月第1版　印次／2023年7月第3次印刷　定价／36.00元

目录
Contents

　　每个人都在青春年少的时候畅谈过自己的梦想，但是多年之后，真正为之奋斗并且最终实现的又有几个？

　　苏格拉底说过："世界上最快乐的事，莫过于为梦想而奋斗！"只要有梦想，那么无论在什么时候开始追逐，都是美好而励志的。

　　梦想就是一艘船，载着我们航向人生越来越远的未知领域，直到最后梦想成真的光明顶峰。梦想也是一杯诱人的美酒，即使我们青春年少，也愿意去尝一尝人生中各种酸甜苦辣，然后将岁月沉淀下来的精华都变成自己宝贵的人生经历。

　　梦想和事业总是并行的，有了梦想，人们在事业上才会有更多的成就。

　　女人可不可以成就一番事业？古今中外历来

有很多人对此颇有微词，但是，有一个成功的女人将这种争议推翻了，她站在时尚的顶峰，用自身向全世界宣示了女性不仅可以有梦想，还可以成就自己的事业，她就是——玫琳凯·艾施。

1963年，因为不满于当时职场上对于女性地位歧视的普遍现象，屡遭碰壁的玫琳凯愤然辞职，这时的玫琳凯已经47岁了，在大多数人眼里，这个年龄已经处于一个尴尬的地位，无论如何，人们都不敢相信，这个女人会用自己后半生来创造自己的事业，而对于玫琳凯来说，她的梦想正在从雏形走向成熟，美丽的梦想之花即将绽放。

5000美金，46平方米的店面，9名销售员，从当地人那里买断的护肤配方，这就是玫琳凯所拥有的全部创业资本，谁能想到今天赫赫有名的玫琳凯化妆品公司就是从这样小的一家店面逐步发展起来的！如今，已经横跨五大洋30多个国家和地区、拥有5000名员工和300多万美容顾问的玫琳凯化妆品公司已经成为跨国的大企业集团，同时，它还是美国最大的皮肤保养品公司以及世界上最大的护肤品和彩妆品直销企业之一。

丰富女性人生——这就是玫琳凯·艾施所崇尚的梦想和事业，与别人为了金钱和荣耀而创业的初衷不同，玫琳凯从自身的屡遭碰壁的际遇感受到了当时社会对于妇女的歧视，她决心要为广大的女性做些什么，她希望能够做一些有意义的事情来帮助身边的女性，能够做一些工作来让更多的女性有信心去面对生活，于是，就有了一系列的"美梦成真的"创业故事。这些故事，不仅仅可以让你看到一个女人奋斗的全部过程，也可以给你奋发向上的启迪和激励，那是关于事业和梦想的坚持，那是对于自己人生的肯定和丰富。女性的人生不应该只局限于家庭，她们可以开创自己的一番事业。虽然，玫琳凯的梦想遭到了很多人的质疑，许多人都说："你这不是梦想，你这是在做梦！"但是，玫琳凯一直坚信着自己的选择，因为从小到大，她的母亲就教给她一个信念，要"一直坚信自己能够做到"。

当你打开玫琳凯的化妆品网站时，在搜索栏里输入任何一个国家或者地区，你都会发现，世界各个角落都会有一位专属的"美容顾问"来帮助你，为你提供完善而周到的服务。这就是玫琳凯所要达到的目标，在"只要生命依然存在，我们的爱将永远传递"的理念下，玫琳凯化妆品集团一步一个脚印地走到了今天，发展成这样庞大的规模，经过40多年来的努力，曾经的梦想，如今变成了现实。

在玫琳凯的公司，人们可以看到许许多多的女性在这里得到成长，得到锻炼，每一位女性都可以做到最好，只要自己努力去付出相应的代价。对于这些女性来说，成长就是她们最大的收获，而对于玫琳凯来说，这就是她最引以为荣的成就。

玫琳凯所取得的成功和她的创业史，也引起了许多的学者和专家瞩目，因为在短短时间内，一个企业能够迅速发展壮大并且影响范围之广，在世界的商业史上都是罕见的。人们开始将目光长久地注视在这个不鸣则已一鸣惊人的企业和创始人身上，期望能够从中得到一些启发和思考。

玫琳凯的创业之路走得不长，却取得了惊人的成绩和效果，这与玫琳凯的母亲对她儿时的教育是分不开的。，本书从玫琳凯的童年讲起，将玫琳凯在创业之前的生活和成名之后的奋斗过程一一呈现在读者面前，同时还为读者详细解读玫琳凯独到的经营方式和竞争策略，让读者在感叹这个伟大女性的创业奇迹的同时，还能够引发更多关于人生定位的思考。

第一章 得克萨斯的小女孩

1. 艰苦生活的磨砺

有一位名人说过，"想要拥有辉煌伟大的一生，就应该从今天做起，以毫不动摇的决心和坚定不移的信念，凭自己的智慧和毅力，去创造你和人类的快乐"。的确，每个人都希望自己能够有着不平凡的人生，每个人都在青春年少的时候拥有梦想和向往，但是，有的人可能在自己的成长道路上因为这样那样的挫折而放弃了自己最初的梦想，而有的人却会因为一个突发奇想而开创了另一片天地，比如玫琳凯·艾施。

翻开古今中外实业家的名录，也许他们创业的过程各异，但是，他们的共同点永远都不会改变，那就是梦想。玫琳凯·艾施，就是这样一个拥有着崇高梦想的女孩。

1918年5月12日，美国得克萨斯州的霍特维尔斯小镇像往常一样，明亮的阳光照耀着大地，一战的炮火似乎离人们的生活越来越远，阴霾的岁月马上就要过去了。这是一个繁荣的铁路小镇，于是，乡村人一天忙碌的生活又开始了，牛奶伴着肉松饼的香气飘荡在各家各户的厨房里，女主人们早早开始了家务劳作，小孩子们在院落间玩着游戏，集市上的喧闹声此起彼伏，战火正在远去，一切都有了生机。但似乎这一切又与往常有一些不一样，一个小女孩降生在霍特维尔斯小镇，她就是玫琳凯·艾施。

玫琳凯·艾施的家庭很普通，从玫琳凯开始记事时，自己的父亲就因为肺结核而长年卧病在床，什么活计都做不了，什么忙都帮不上，而家里的重担几乎全部落到母亲的身上。玫琳凯·艾施的童年就是在父亲的咳嗽声中度过的。而且，根据玫琳凯的回忆，虚弱的父亲比年幼的玫琳凯更需要家人无微不至的照顾。

玫琳凯的母亲是一个坚强的女人，她为了一家人的生活到处奔波，每天清晨不到5点，这个坚强的母亲就离开了家，到离家不远的餐厅做服务员。一天的油腻和繁重的工作下来，玫琳凯的母亲还不能休息，她还兼职了另外一份工作，两份工作需要她连续不断工作14个小时，每天都要晚上9点多才能到家。即使是这样，一家人的生活还是捉襟见肘，因为当时女性地位一点儿都得不到重视，所以收入都是极其微薄的。

长大成人的哥哥和姐姐已经有了自己的生活，已经7岁的玫琳凯开始为母亲分担一些家务了。当母亲出门工作的时候，她就开始照顾父亲，煮饭做家务，给父亲喂药。与同年龄段的孩子比起来，玫琳凯的童年生活完全是在家里度过的，这让她十分羡慕那些整天在外面玩耍的孩子们。做完家务的空闲时间，玫琳凯会站在低矮的窗前，看外面的孩子玩游戏，她的眼神渴望而纯真。但是，她知道自己不能无所顾忌地去享受童年，她还要洗衣做饭，父亲就要睡醒了，他醒来就要喝一些温水……这些琐事让年幼的玫琳凯知道了什么是责任，什么是现实，家庭的窘境，让玫琳凯也早早地成熟独立起来。

随着时间的流逝，当初喧嚣繁华的小镇也开始没落下来，本来就薪水不高的母亲别无他法，那些微薄的薪水还不够父亲的医药费，更别提一家人的生计了，母亲决定带领全家搬迁到休斯敦去，希望能够在那里找到更好的工作。

到了这个西南小城市，一家人的境况并没有多少改变。

玫琳凯的童年就是这样的，家境贫寒的她，不曾享受过公主般的娇惯溺爱，童年的记忆里没有半丝儿梦幻，操持家务和忙里忙外是生活的常态。那个时候的玫琳凯过着两点一线的生活，从学校放学就要马上回家，做完自己的全部功课之后，就要开始着手家务。但是这并没有打击到玫琳凯，相反她的性格里带有一些竞争与不屈的特点，这种竞争的精神也伴随了她的一生。

2. 你能做到

中国有一句话——"穷人的孩子早当家"。

这句话是放之四海而皆准的，用在玫琳凯身上更是再恰当不过了。过早地接触家庭现实虽然没能让玫琳凯享受到快乐的童年，但是她却学习到了更多宝贵的人生哲理，比如怎样去面对挑战，怎样去解决困难。年幼的她可能还无法理解什么是磨砺，但是她知道来自于母亲的鼓励绝对是一剂精神的良药。

只有7岁的玫琳凯虽然能够体谅妈妈的辛苦，并且帮助妈妈做一些力所能及的事情，这是她愿意接受的事实，并且还很乐意去做，但毕竟小玫琳凯还是没有太多的生活经验，做饭就是一大挑战，那时还没有速冻食品或者是外卖快餐等等，如果父亲想要吃一些做法比较复杂的饭菜而玫琳凯又不会做的时候，她就要通过电话来向妈妈求助：

"妈妈，爸爸今晚想要喝土豆汤……"

"土豆汤吗？你要先拿出昨天用到的那个锅，然后……"

这样的对话几乎每天都要发生多次，电话成了母女之间交流的一个必要工具。"感谢上帝赐予我们电话！"便成了小玫琳凯的口头语，仿佛电话已经成了她生活里很重要的一部分，这也算是小玫琳凯和母亲之间的一个默契。只要是电话铃声响起了，就代表着浓浓的亲情和牵挂，而且年幼的小玫琳凯并不惧怕去做那些似乎有些超出她能力的家务活，因为母亲会在电话中极其耐心地解说煮饭烧菜的步骤。

面对生活的烦琐和重任，小玫琳凯没有抱怨过什么，但是母亲知道让年幼的玫琳凯来承担的确是太多了，可是没有办法，因为生活的磨砺是不分年龄段的，更何况，母亲要为这个家苦苦支撑，承担的工作更是繁重。家境让人懂得如何去承担，也正是因为家境让小玫琳凯必须快速地成长起来，去做一些同龄孩子都不会做的事情，小玫琳凯和母亲都懂得这些道理，所以两个人都想着要为家庭做更多事情，也没有任何抱怨和委屈。每当母亲跟小玫琳凯解说了做家务的详细步骤之后，都会对她说："宝贝，你能做到的！"

有的时候，一句鼓励就足够了，尤其是来自于家人的鼓励，这更能够让人在充满荆棘的生活道路上鼓起勇气，直面挫折和挑战。一份信心和鼓励有时远比说教更有意义，就如同艾默生所说的"自信是成功的第一秘诀"，"你能做到"就像是一个魔法，打开了小玫琳凯心中那道关于自信的大门，并且一直推动着玫琳凯在以后的人生道路上执着于自己的事业。

"你能做到"这样的鼓励也在感染着玫琳凯的母亲，对于自己的女儿，她是非常愧疚的，因为家庭的原因她让自己的女儿过早地结束了自己的童年，这也让她对女儿所要负担的所有都心存焦虑，但是，"你能做到"这句话帮助母女二人渡过了好多难关，在那样一个艰难的时代，贫穷的家庭都需要一些精神支柱来走出困境，而小玫琳凯更是在这样的精神引导中乐观地成长着。

周末也许是小玫琳凯最愿意度过的，因为她可以去镇上购买一些日常用品。拿着母亲给自己的1.5美元，小玫琳凯就坐上开往镇上的车，沿途的景色带给小玫琳凯愉悦的心情，她的目光紧紧盯住路边的一只正在悠闲散步的奶牛，或者是一只展翅飞翔的五彩斑斓的小鸟，又或者是小路上随车奔跑的孩童，这样的动态无一不在提醒着小玫琳凯生活中的美。当小玫琳凯开始这样的"短途旅行"时，她也是有一些忐忑的，她不知道自己是否坐对了车，是否走对了路，但是，母亲的鼓励总是萦绕在她的脑海，于是，她就有了坚持下去的信心。

鸡蛋要19美分一打，沙拉和蔬菜可能要用10美分左右，还有一件衣服可能要69美分，这些东西不是很贵，但是如何向商店里的店员说明这些钱的使用权是一个问题，毕竟小玫琳凯才7岁，无论她如何熟练地做家务，她的脸庞毕竟还是稚嫩的，不是每一家商店都只要把钱拿出来付账就好，因为大多数的店员都会一遍又一遍地询问小玫琳凯："你的妈妈呢？你的家人呢？为什么没有家长来看护你？"面对这样的询问，小玫琳凯只好一遍又一遍解释："我的妈妈去工作了，现在我就承担着家里的全部家务！"如果对方还是不相信的话，小玫琳凯会写下母亲工作餐馆的电话号码，告诉店员们："这是我妈妈工作地点的电话号码，你们可以打电话向她求证！"

在购买过日常用品之后，小玫琳凯会去食品商店买一杯可乐和一个百香果烤乳酪三明治，新鲜出炉的三明治还带着独有的香气，包在嫩黄色的餐纸里，还没吃就有一种满足感；大杯的可乐冒着欢乐的气泡，让周围的空气都有了自由的酸甜味道，这些食物要花费20美分，然后小玫琳凯会带着食物去看电影，电影票需要10美分，30美分就可以让这个孩子度过一个很美好的下午。

生活并不缺少美，只是缺少发现美的眼睛。也许，苦难也是如此，并不是我们需要去挖掘身边的苦难，而是我们要从苦难中找到属于自己的快乐，苦中作乐也许就是这样的道理。不管小玫琳凯如何比同龄人成熟，她终究还是一个孩子，她可以在烦琐忙碌的家务中找到更多的欢乐时光：来自于母亲的特殊鼓励、城镇旁的乡村景色，还有一场电影，这些事情在大人看来都是平常的事情，反而在孩童的眼里更显得色彩斑斓，也许这样的经历恰恰培养了玫琳凯一生的乐观精神吧。

相对来说，在一个人成长的过程中，男孩子喜欢竞争，而女孩子喜欢安稳。但玫琳凯是一个与众不同的个例。在她的成长经历中，竞争意识随时存在，这也对她性格的塑造有着重大影响。母亲的鼓励总是让她充满着力量，同伴间的竞争总是让她时刻保持乐观。有一段时间里，学校要组织打字比赛，玫琳凯当然不会放弃这个表现的机会，她的目标就是想要成为全班最优秀的打字员，在老师的帮助下，她的成绩突飞猛进，当然她更羡慕那些可以回家练习打字的同学们，她那时最大的愿望就是拥有一台自己的打字机。但是，她知道一台打字机最少要消耗掉家庭半个月的日常开销，于是她从来都未对母亲讲自己的这个愿望。

不过，某一天，母亲却为她带回来一台老旧的伍德斯托克牌的打字机，这简直让玫琳凯欣喜若狂！这一台让母亲攒了好久薪水的打字机一直是玫琳凯的珍藏，它凝结了母亲对她的殷切期盼和浓浓的爱意，她用这台打字机练习打字，最终夺得了班级最佳打字员的荣誉。因为母亲的鼓励和支持，才让她有勇气去面对这样那样的挑战，并且她可以用满满的信心去做好每一件事情。

玫琳凯在多年之后才体会到当时母亲对于自己做家务的一些焦虑心情，她也在自己的人生传记中写道："当我开始这些短途旅行时，总有些担心，那时的我总会想起妈妈说的话：'宝贝，你能做到！'我肯定母亲已经说过上千遍，而她也总是深信不疑地说这些话。现在我才知道，她当时对我所必须承担的责任也一定非常担心，只是你永远都不可能听到她这么说。我想，母亲知道我能做到的，她的话成了我年少时代的主旋律，并且也伴随了我一生：'你能做到'。"

来自于母亲的鼓励就是一味精神良药，这让玫琳凯受益终生，并且她也将这种精神应用到自己的事业上，并为之骄傲。

3. 17岁的母亲

法国的霍尔克罗夫特说过："一无所有者无所惧怕，无所得，也无所失。"也许，正是贫穷造就了一个人的品行和不屈的精神，正是贫穷让人有了竞争和拼搏的斗志，贫穷不可怕，可怕的是将自己永久地沉溺于贫穷中，不知拼搏。

小玫琳凯在家庭的琐碎事务中渐渐成长，因为她把过多的精力放在照顾父亲和承担家务上面，所以无暇顾及学习。但是玫琳凯的学习成绩在班里也是中等水平，因为来自于母亲的鼓励还是会让她乐于去做一些家务之外的事情。她会按时完成作业，在做完家务之后，如果有空闲的时间，她还会和邻居家的孩子们玩一会儿，虽然这样的机会不多，但是玫琳凯还是十分满足。

邻居家的孩子中有两个漂亮的小女孩，一个叫作陶乐丝，另一个叫作贝丝，这两个小女孩总是会带着玫琳凯一起玩，如果玫琳凯的作业没做完，她们还会帮助玫琳凯。陶乐丝的家庭是几个孩子中最富有的，她有着美丽的发带，还有带着轻柔蕾丝的公主纱裙，以及刷着粉红墙壁的大卧室和华丽的圣诞树。小玫琳凯觉得自己在物质条件上不如陶乐丝，但是她可以在其他方面与陶乐丝竞争，比如学习成绩，或者是收拾家务的能力。竞争并没有让这两个小女孩成为敌人，相反她们的友谊变得越发的稳固，竞争可以让她们共同进步。贝丝是这个圈子里年龄最大的，她比玫琳凯和陶乐丝都大8岁，自然而然的，她也可以为两个小妹妹提供更多的帮助，解答她们的一些疑问。小玫琳凯想要长久地维持这份友谊，于是她做出了很多的努力来学习如何平衡三个人之间的关系，自然而然的，她们三个人俨然成了无话不谈的好朋友。

尽管小玫琳凯想要努力去和自己的朋友们保持步调一致，但是毕竟她的精力要被家务活牵扯很大一部分，而且家庭条件的限制也让她的学费成了很大的负担，到了她17岁的时候，母亲已经无力支付小玫琳凯升学的费用，玫琳凯面临的只有退学。

失去了上学的机会，最初小玫琳凯不知道自己该做什么，不过很快，她决定结婚了。对方跟她的家庭条件差不多，也许在那个年代，不上学就意味着要结婚，爱情对于那个年代的孩子们来说是一种奢侈品。列夫·托尔斯泰说过："只有爱情才能使婚姻神圣，只有使爱情神圣的婚姻才是真正的婚姻。"婚姻对于爱情，好像是果实对于花朵的意义；爱情对于婚姻，犹如冬雪过后的一片阳光，爱情和婚姻是要相辅相成才能精彩的，但是，有的时候，婚姻并不一定就会建立在爱情之上，它也许还会与生活的现实相关联。

也许，玫琳凯是对这一段婚姻充满希望的，即使在结婚之前没有过多的时间来培养爱情，但是她仍然相信自己会遇到一个好丈夫，有一个温暖的家庭。

生活总是给予人们太多无法预料的东西，有的时候是惊喜，而有的时候却是挫折，生活想要把人们打磨成什么样子，没人知道，但是可以确定的是，因为生活，人们变得越发勇敢；因为生活，人们体会了人生百味。

结婚之后的玫琳凯并没有享受太多的快乐和幸福，同她在家陪伴父母的时光一样，每天起床之后就是无尽无止的家务活。在那个绝对男权的时代，妻子就好像是家庭里的干活机器一样，而丈夫每天可以什么活都不用干，打牌、喝酒、睡觉，这就算是丈夫的全部家务"工作"了，如果妻子有一点儿偷懒的话，丈夫还会对妻子大加指责。

艰辛苦难并没有远离玫琳凯，反而变本加厉，每天的生活都要围着房子转，自从有了三个孩子之后，她的工作更加繁重了，因为营养没有跟上，玫琳凯并没有太多的奶水来喂饱三个孩子，奶粉增加了家庭的负担，丈夫也开始外出挣钱来贴补家用，但是，那些微薄的薪水仅仅能够维持一家人的食物开销。玫琳凯尽力不让自己吃太多，好让三个孩子和丈夫能够有稍微多一些的食物来果腹。

时值政府募集军队，玫琳凯的丈夫就从军了，留下玫琳凯独自一人抚养三个孩子。

生活好像又回到了玫琳凯7岁的时候，她需要独自承担着所有的家务，洗衣做饭，打扫孩子们的卧室，还要陪孩子们玩乐。做完家务，她不能休息，还要做一些兼职来补贴家用，但是这样的兼职工作并不好找，因为她需要一定的时间来照顾家庭。她比以前更忙碌了，但是生活就是这样安排的，即使承受不住，也要咬牙去坚持，玫琳凯在给自己打气的时候，总是对自己说："亲爱的，你能做到！"

日子过得越发艰难起来，因为战争即将来临。所有的城市都处于一种紧张的临战状态，谁也不知道第一颗炮弹会在哪里落下并爆炸；谁也不知道明天是否就要开始颠沛流离的生活。一战的硝烟刚刚散尽，人们又要承受新一轮战火的洗礼。

1939年9月1日，凌晨时分，波兰境内迎来了一群"不速之客"——德军轰炸机。它们有着明确的目标，也就是波兰的部队、军火库、机场、铁路、公路和桥梁。战争是残酷的，它刻骨铭心地印在波兰人民的记忆里，这也是他们遭遇到的规模最大的一次致命袭击。

边境上，霎时硝烟四起，震耳欲聋的炮声，震碎了人们的内心。一个小时以后，德军的地面部队从北、西、西南三面一起涌上来。这种计划周密的全线进攻让人措手不及。波兰还没有来得及反应过来，德国战舰"霍尔斯坦"号又突然向波军基地开炮，之前，它一直停泊在但泽港外，以伪装友好访问的身份停驻。如此形势之下，波兰损失惨重，500架第一线飞机在起飞前就被炸毁在机场，更别提无数火炮、汽车等其他设备。波兰大乱，指挥中心也遭到了袭击，德军一鼓作气，以装甲部队和摩托化部队为前导，从几个主要地段很快突破了波军防线。

1939年9月3日9时，德国接到了英国的最后通牒，要求在11时之前，提供停战的保证，否则英国将正式向德国宣战。不久，法国也发出通牒，内容相同，只是期限定为下午5时。野心勃勃的德国并未对此有任何回应，英法两国如期对德宣战，拉开了第二次世界大战的帷幕。

祥和欢快的气息立刻被丧钟一样悲伤的钟鸣冲散，人们惊恐地跑回屋内，打开收音机。一切都发生了变化，战争来临，所有的计划、梦想、希望全都烟消云散。在将来的岁月中，将会有数以千万计的生命被战火吞噬，世界的大部分将被硝烟所弥漫。

战争的到来，让世界都陷入了黑暗，颠沛流离，炮火纷飞，人们所拥有的一切财产都化成了虚无……

4. 第一次失败的婚姻

战争来临了，战争让全世界的天空都变得异常黑暗。

战火纷飞的年代，除了食物和弹药之外一切都显得廉价，因为战时供需紧张，即使有钱都不一定能买到充足的食物，人们纷纷失业，更多的人走向街头排起长龙只为了等待一份可以赚得微薄薪水的工作，但是没有任何机会能够让人们温饱。男人们都没有什么活计可干，更别提那些只能操持家务的女人们。

玫琳凯一个女人带着三个孩子，从军之后的丈夫从来都没有向家里邮寄过一分钱，玫琳凯自己一个人支撑着家务，还要工作赚钱，这样捉襟见肘的生活让她几乎快要坚持不下去了，但是一看到自己三个可爱的孩子，母性的慈爱鼓励着她为这个家坚持下去。三年后丈夫归来，玫琳凯本以为生活从此会见到一丝光明，但是，丈夫并没有给她带来期盼已久的光明，反而抛给她一个震惊的事实：战争中丈夫在海外有了一个新的家庭，那个女人也怀了他的孩子，他希望能够与玫琳凯离婚。

本来尚存的一丝光明也破灭了，玫琳凯只好继续独自带着自己的三个孩子，艰难地生活。她的第一次婚姻以失败告终。那也许是玫琳凯人生中的最低潮，作为一个女人，尤其是无依无靠的一个女人，没有什么能比婚姻的失败更让她觉得挫败了。她尝试着想去考虑明白在这段婚姻中，她哪里做得不够好，但是，生活没有给她更多的时间去思考，因为还有三个嗷嗷待哺的孩子等待着她去赚钱养家。她必须振作起来，重新让自己把什么都做得很好。

也许，母爱就是这样的，不论自己身处多大的悲伤和挫折当中，只要看见自己的孩子那种期待的眼神，所有的不快乐也都会消失得一干二净，所有的消极也都必须化作动力和积极的因素，因为，母亲绝对不会让自己的孩子们失望和不快乐的！

1948年，玫琳凯把家搬到了达拉斯，这时的她已经30岁了，达拉斯的就业前景也是不容乐观的，大批的退役军人也加入了求职的大军，街头上那些等待工作的队伍排得更长了，本来就不多的工作职位更是变得千金难求，因此妇女们的就业渠道也变得越发的少。

玫琳凯也是这等待工作队伍中的一员，她比任何人都需要一份工作，一份可以养活孩子们的工作。在这样的大背景下，一份工作是不能满足一个家庭的温饱的，然而玫琳凯也并没有那么多的时间去做多份工作，她还需要照顾家庭，她需要的是一份有弹性时间的工作。谁都知道，找一份这样"轻松"的工作是非常困难的。

每天，天还没亮，玫琳凯就要早早起床，在给孩子们准备好早餐之后，她就要赶快走出家门，去街头排长长的队伍等待，有时一天都不能轮到一份工作的面试，她就把揣在衣兜里的一份小小的三明治再揣回家，至少这还能够一个孩子吃的；如果有幸得到了一份短暂的工作，玫琳凯就会吃上一点，因为她需要保证自己还有力气去工作，哪怕那份工作是搬运行李或者洗刷盘子的力气活。她吃得极少，因为她要为自己的孩子们省出一些食物。

在经历过无数的失败之后，终于有一扇大门向她敞开，那就是直销工作。

直销也是在美国刚刚兴起的一个行业，由犹太人萨贝拉创立，当时随着信息化社会的概念在人们的生活中声名鹊起，人们购物图方便的心理也悄然而生，希望自己能够通过最快捷的方式得到货物是人们的普遍心理，于是，直销这种销售方式出现了。

如果你到网上去搜一搜关于直销的定义，你会发现，直销本身其实很简单，按照世界直销联盟的定义来说，这样的销售方式就是以面对面而且是非定点的方式来销售商品和为顾客服务。这就完全抛开了传统的零售或者批发的销售模式，由实行直销的企业雇用直销人员，再由直销人员向消费者推荐并销售自己的货品。

换句话说，就是通过直销员，直接把产品送到有消费需求的顾客的手中。

斯坦利家庭用品公司，这是玫琳凯接触直销事业的第一家公司，也是她认识直销事业的摇篮。事实上，玫琳凯很喜欢这份工作，因为她既可以有弹性时间来照顾家庭，也可以通过这样的营销方式来体会到自己价值的存在，比如把自己的一种销售方式加入进去，或者设身处地为顾客讲授产品的优良性能等。过去的她一直被捆绑在家务上面，从小到大，她的圈子就是家庭和孩子，似乎她所需要承担的责任就仅限于家庭之中。

没有太多的人知道玫琳凯从小的梦想是什么，尽管已经结婚十多年了，但是玫琳凯依然坚持着自己的梦想，她想成为一名医生。

从小，玫琳凯就想成为一名医生，那对于她来说，是一份理想而神圣的职业，小时候，每当她有病，母亲带她去医院的时候，她都特别羡慕走廊上那些穿着白大褂拿着病历本的医生，她总感觉这些医生们掌握着生死大权。

而现在，她有了工作，她心中的梦想又开始燃起了小小的火苗，并且很快小火苗变成了熊熊火焰，她心中的竞争精神又被重新点燃了，她再次想起母亲的话语："亲爱的，你能做到！"

当她的销售工作渐入佳境时，她知道，自己想要实现梦想，机会已经降临。

当时的妇女们想去上学是一件很难启齿的事情，因为这被看成是浪费时间，人们都认为已婚的妇女应该只围着家庭转，而不需要出来抛头露面，更别提妇女们上学学习文化了。光是教授们那异样的眼神和同学们的嘲讽就能够把人的信心都打击得无影无踪。

玫琳凯认识到了这个严重的问题，她开始考虑怎样才能"隐瞒"自己的已婚身份，结婚戒指被她挂在了项链上，她在与同学们交谈的时候，避免和他们谈论自己的家庭，也并不提自己的儿子，她还把自己打扮得如同女学生一般，甚至她还穿上了当时在女学生中流行的过膝短袜，她做得很好，并没有人问起她是不是一位母亲或者妻子。

上学的这段时光，让玫琳凯重新找回了一些快乐，她甚至想起了自己和邻居姐妹们一起玩耍的时光。那时的她们多么的年轻而有朝气，无忧无虑的生活也让她们有着诸多的快乐，不用考虑家庭的负担，不用考虑工作，不用去想更多跟现实有关的事情，那时青春年少，不懂人间疾苦。

不管怎样，生活的主宰似乎终于肯给玫琳凯一些晴朗的天气了，她在生活的暴风雨中前行了太久，是时候应该享受一下儿人生的阳光了。

每天上午去学校上课，下午的时候就参与斯坦利的聚会，玫琳凯所在的公司，销售业绩都是通过一个被称为"聚会"的群体演示会来达成的。比如，客人的数量达到25人之后，就会被全部邀请到一个"女主人"家里去做客，销售代表就会在这里向顾客们展示他们的产品。这对于玫琳凯最初的意义就在于，需要做足够多的销售来支付自己日常开销的账单，因此她需要尽可能多地去招募新的顾客。

玫琳凯有自己独特的招募顾客的方式，就是用她的记事簿，因为举办聚会的次数很多，所以她的本子上记满了很多以前聚会的女主人的名字和联系方式，因此，她会给自己本子上的每一个记录的名字都打电话。事实证明，她最好的业绩是在一周之内招募了17名新人，在感叹她工作卖力的同时，她的演说能力也真的非常令人佩服。

晚上玫琳凯就要回到家去料理家务，洗衣、做饭，还要陪孩子们玩一会儿，即使她知道孩子们会谅解自己的辛苦，但是她还是想要用这样的方式向孩子们小小地补偿一下儿，毕竟她很清楚孩子们自己在家的那种孤单。

一天的忙碌让玫琳凯早就困顿不堪，但是她还是会坚持着在孩子们睡觉之后，复习一些上课所学到的内容，虽然有时候她也会和孩子们一起入睡，但是她会把闹表定到凌晨3点，在朦胧的天色里准时起床，一直看书复习，直到孩子们起床，7点钟的时候她会到厨房为一家人煮一锅燕麦粥，还有新烤制的面包和温热的咖啡。早餐过后，她一天的忙碌生活又开始了。

学习了一段时间之后，学校组织了一场为期三天的能力测试，玫琳凯更是全力以赴.几天之后，成绩公布，系主任找到玫琳凯并叮嘱她："你的理科成绩虽然很不错，但是相比较于你的销售成绩还是有些逊色，所以你可以继续发挥你的优势，从事一些销售方面的工作。相信我，你一定会有所作为的！"

系主任的这一番鼓励让玫琳凯坚定了信心，那就是要开创出属于自己的事业。

有的时候，也许真的像是很多人所说的那样：上帝为你关上了一扇门，一定会为你打开另一扇窗。经历了太多失意的玫琳凯不仅没有被击垮，相反她用一种乐观积极的心态来面对生活的种种不顺，这与来自儿时妈妈的鼓励是分不开的，那句"你能做到"一直萦绕在她的心头，伴随着她走出乌云密布的世界，来到新的天地。

第二章　艰难的创业

1. 初识事业的困惑

什么是成功？什么样的人是成功人士呢？

成功的人往往是由他们的能力、个性和目标所决定的，一个成功的人往往都有着很强的事业心，无论他们身居何位。成功的人都是敢于冒险、不怕失败并勇于付出的人，在他们的眼中，越是微小的细节越能决定着成败，同时，他们往往都有着十分惊人的气度。

玫琳凯明白这些道理，于是，她的身上开始有了更多的竞争精神。

所谓竞争，并非与他人比较。玫琳凯懂得，她要做的其实就是不断超越自我。下一周的销售业绩一定要比这周好，这是她对自己不变的要求，哪怕只是高出一点点，便有向前行进的动力。她还要求自己每一次的演讲都要比上一次流畅、自然，每一次的表现都要比上一次的好，诸如此类的"自我竞争"，让玫琳凯时刻都保持着良好的精神面貌。她在给顾客讲产品性能和相关信息的时候，总是面带微笑，平易近人，顾客们都逐渐喜欢上了这位优雅亲切的销售女士，于是，对于玫琳凯销售的良好评价也纷至沓来。

回想起这段往事，玫琳凯总是说："这样的竞争精神还是来自于我的童年！"

玫琳凯的童年，除了来自于母亲的鼓励之外，还有就是陶乐丝和贝丝的陪伴，因为玫琳凯看到了自己与两个小伙伴的差距，于是她拼命在其他方面赶超自己的伙伴，也许这对于一个小女孩来说是十分功利的，但是不可否认的是，玫琳凯为此而受益终生。

当初系主任的预言没有错，玫琳凯就是一位销售的天才！斯坦利公司的工作模式十分适合玫琳凯，并且在她的"微笑服务"下，顾客们都对斯坦利公司的产品赞不绝口，在年度评选大会上，玫琳凯被评为斯坦利的销售冠军，这一头衔也让她彻底地与自己曾经的医生梦想告别。

获得了销售事业的一个小小成功之后，她又幸运地被一家世界礼品公司聘为休斯敦地区的经理。

起初，玫琳凯对系主任的叮嘱，还是有一定困惑的，甚至说有一些迷茫。玫琳凯在想要不要放弃自己的梦想——做一名医生，但是，她还是决定听从系主任的建议，因为她首先想到了如果还要追求医生梦想这条道路的话，她很可能没有时间来照顾家庭！更何况，在销售方面，她已经有了自己的心得：将自己使用产品的感受融入向顾客介绍的解说中，然后根据自己的心得来帮助顾客们挑选适合她们使用的产品，这一举动让顾客们觉得自己真的是正在享受优质服务的上帝，她们觉得自己受到了重视。

事实证明，玫琳凯真的非常有销售的天赋。在确定了自己的工作方向之后，玫琳凯心中有了新的困惑，究竟怎样才算是将自己的工作做成事业呢？还有，事业的定义究竟是怎样的？

对于每个行走在奋斗路途上的人来说，总是有一种精神来作为支撑，玫琳凯在成长过程中，家庭因素对她有着一定影响，并且融合了竞争的精神伴随了她的一生！事业心对于一个人来说，是万分重要的，玫琳凯希望能够给自己树立起一个坚定的事业心，只是，她还在摸索。

有人说，"要想在事业上真正干出名堂来，首要的是有一颗强烈的事业心，以及在这种事业心支配下产生的钻劲儿和痴迷念头"。事业心的本质也许就在于得心应手，而几年之后，玫琳凯也在世界礼品公司被提拔为全国培训总监，因为勤奋和出色的表现而得到这个殊荣，玫琳凯觉得自己的付出有了更多的回报。

但是，这项殊荣也成了玫琳凯在世界礼品公司的封顶光环，因为不久之后，也就是在这个位置上，玫琳凯的提升机会被一位男士替代了。这位男士是经过玫琳凯培训的一位学员。

这样的事情发生了不止一次，在回到达拉斯的总部之后，玫琳凯又被告知，她的顶头上司又变成了另一位男士，这也是某位她曾经培训过的学员。诸如此类的事情接二连三发生，最初，玫琳凯还在找自身原因，后来，她就明白了，原来不是工作能力的问题，而是性别的问题。

男女地位的不平等，这是当时普遍存在的问题，以前，玫琳凯对这个问题的认识并没有那么的深刻，但是随着她对事业越来越重视，性别问题也成了她追求事业的障碍。玫琳凯终于知道自己一直以来的困惑在哪里了，那就是这种来自于社会舆论的压力。

性别歧视是一种深深的伤害，尤其是对执着追求事业的女性们来说，更是一种打击。曾经有一位企业的人力资源经理在谈到性别歧视这个问题的时候，做了这样的阐述："从企业的角度来讲，雇佣女员工不只是简单地增加一个员工的开支问题，因为她休假而导致的问题是一连串的，会产生连锁反应，导致企业流程受阻。常理来说，为人母之后通常会分散精力，导致对工作的投入程度没有婚前强。这是背离企业对员工的要求的。"而且除此之外，由于女性身体的局限性，很多诸如夜班、出差之类的活都是不适合女性来做的，因此，当时的女性都没有在事业上得到相当的重视。无数优秀的女性因为这一道残酷的现实被拒之门外，想要实现梦想，展现自己的价值，这对于大多数女性来说，十分艰难。

20世纪五六十年代的美国，性别歧视之风已经愈演愈烈，美国社会对女性歧视已经成为普遍现象，女性和男性一起工作，一样的工作量，但是女性拿到的薪水却是男性的几分之一，甚至更少，有一些女性可能会做到经理助理的职位，但是，薪水和地位也不如男性。玫琳凯做到培训总监的职位，已经是很优秀的了。

1963年，玫琳凯离开了世界礼品公司，因为她实在接受不了那些明明还需要她培训的男同事们，拿着比自己高出三倍的薪水，而那些同样是需要培训的女学员们依然拿着微薄的薪水，还要干着更多的工作。这样明显的不平等待遇，让玫琳凯彻底对这里心灰意冷了，她干脆辞了职，回到了达拉斯。

辞职不等于退休，事实上，玫琳凯的内心正有着一次重大的筹划。

梦想之花已经孕育出小小的花蕾，直等到阳光灿烂的日子，它便要轻盈绽放，迎接梦想的春天！

2. 两份清单

人生总是有很多的事情要去做，只不过这些事情变成了人生阶段的一些必要经历，于是，人们在人生的道路上时时都会有各种各样的挫折或者惊喜，但是，请相信，人生就算是风雨太多，也没有重新来过的机会，所以每一个人都要珍惜人生中走过的风景，走过了，再没有回头的机会。等我们老去，我们所经历的这一生，就是我们最宝贵的财富！我们成功过，我们也失败过，不论怎样，我们都要将自己的生命过得完整而充实。成功的人士是不害怕失败的，因为每一步脚印都是她成就事业的印记。

玫琳凯不在乎自己追求事业时所遇到的失败，在她看来，失败一次，就向成功靠近一次。25年的推销员生活为她积累了好多关于人生的感悟，她觉得自己的事业之心也变得更加充实和丰盈，她决定为自己的梦想之花，浇灌一些新鲜的思想。

从世界礼品公司的职位上退休之后，玫琳凯和自己的丈夫霍伦贝克在达拉斯的房子里度过了一段美好的悠闲时光，玫琳凯想要让自己休整一下，孩子们都已经长大，好像忙碌的时光一下子就过去了，但是，退休可不适合玫琳凯执着的心，她还有更大的梦想要去实现。

清闲的时光，总是漫长而悠远的，玫琳凯整理着自己25年来所做的一切工作，她忽然很想把自己的种种经历都写出来，好让自己的同行或者学生们有一个借鉴，而且她最希望的就是，这些建议能够帮助女性朋友们战胜当时男权主导地位的现状。

一个月的时间里，玫琳凯所做的，就是列出两份清单。她每日坐在自己家的餐桌旁思索，最后整理出来。一份是工作中种种的美好感受和感慨，另一份就是列举出自己在工作中所遇到的一切问题和疑虑，并且她还一一标出了亟待解决的问题的先后顺序。

做完了这项工作，玫琳凯突然意识到，为什么自己不把这些问题和疑虑亲自解决呢？为什么她不能亲自领导所有的女性朋友们去争取自己应该有的事业呢？她又将这两份清单看了一遍，她发现，原来自己在不经意间，已经写出了一个公司发展的大致模式。她已经给自己制定出了一套成功企业所需的完整计划和规定了。

一个"梦想公司"的策划发展策略和宗旨已经摆在眼前，有谁能够拒绝去实现这两份清单的魔力呢？

给自己一个追逐梦想的机会，给自己一个开创事业的机会，人生其实有很多的选择，只在于你是否有一颗勇于去进取去拼搏的强大心灵，畏缩和犹豫是永远不可能得到幸运和机会垂青的。

玫琳凯的梦想公司构想好像已经呼之欲出了，但是她还是不知道要销售什么样的产品，她想要销售一种便于女性销售的产品，直到她看着自己梳妆镜前的化妆品时，答案从天而降——护肤品作为公司的销售产品，一定是最理想的！

玫琳凯有一套一直喜爱并使用多年的护肤品，说起这套护肤品的来历，还很有一些偶然得之的意味呢！

玫琳凯曾经在一次斯坦利的聚会上发现了这套护肤品，当时参与聚会的人有二十多个，而且年龄是从十几岁到五十几岁不等，当玫琳凯为大家演示公司的产品时，她也需要观察大家的反应：是不是听懂了自己的讲解，是不是对自己的产品有兴趣，是不是可以接受新人招募，能否胜任这项工作……

不过，在观察的时候，玫琳凯也发现了一个有趣的现象，这些女人尽管年龄都不尽相同，但是她们有一个共同的特点，那就是她们的皮肤都十分的光滑细腻，且红润富有弹性。

当时女性普遍都用着一种刚刚上市叫作"粉红灯泡"的护肤品，它们做出的承诺就如同产品的名字一样，让女性的肌肤粉嫩，并且像是沐浴在灯光里一样，但是，玫琳凯知道这绝对不是"粉红灯泡"所能制造出来的效果。

当聚会结束之后，这些女性聚在一起喝咖啡，而女主人则拿着一些瓶瓶罐罐，都是白色的瓶身黑色的瓶盖，而且在瓶身上都有着不同的标签。女主人将这些瓶瓶罐罐分发给在座的每一位女性朋友，除了玫琳凯之外。而且女主人在分发的时候，还会查看一下这些女性朋友们的肤质，并且在本子上记录下一些东西， 她还会与这些朋友交谈几句，给予她们一些涂抹方法的指导："看来你的肤色比之前好了很多，继续坚持用1号和3号！""4号你已经用了一个星期，可以换着使用3号一个星期试试"……诸如此类的对话充分调动起玫琳凯的好奇心，她心中暗想："难道这就是这些女性朋友们拥有漂亮皮肤的奥秘所在吗？"

因为女主人没有向她做任何介绍，所以她问女主人这是在做什么，女主人笑笑说："这些朋友们都是我的试验品，我有一些自己研制的护肤品，想要试试这些产品的性能，而且，我觉得我可以将这客厅里的所有朋友的皮肤都护理好的！如果这些产品确实好用的话，那么我就成功了！"

也许爱美是所有女性的天性吧，玫琳凯看着那些瓶瓶罐罐，也恳求女主人为自己指导一番。

女主人仔细地看了看玫琳凯的皮肤，指出她有粟粒疹和死皮，玫琳凯承认这都是事实，最后在大家都离开的时候，女主人送给玫琳凯一大鞋盒护肤品，洗面奶装在一个小药瓶里，其余的护肤品被装在几个可以反复使用的小瓶里，鞋盒盖上用英语和法语标示着产品的使用方法，而且这其中还有许多语法错误和拼写错误。

玫琳凯后来回忆起初次遇见自己公司当今生产的护肤品前身时，仍如此的惊讶和怀疑：

"我真是难以想象包装如此粗劣的护肤品能有那么好的功效，而此时我周围的女人们正开始谈论她们肌肤所得到的明显改善。她们看上去的确不错，但我心里却在想：'并不见得这些产品真的都那么好，她一定给这些女人洗过脑了……'"

虽然怀着质疑的心理，但是玫琳凯还是花了一整天的时间试用了这些样品，光是敷面膜就用了一下午的时间，不过，当玫琳凯10岁的儿子理查放学回家，在她的脸上亲了一下之后，说："妈妈你的脸好光滑！"这一句话让玫琳凯的心豁然开朗！

玫琳凯因此改变了她的观点，她赶忙跑到送给她样品的那位朋友那里去请教美容心得，迫切地搜寻更多的美容护肤品。她惊奇于这样的美容配方从何而来，朋友说："配方是从我的父亲那里得来的！"

原来这位朋友的父亲是一位制革工人。众所周知，制革工人的双手要长时间地浸泡在药水里，一个偶然的机会，这位工人发现自己双手上的皮肤看上去比脸上的皮肤要滑嫩得多，这让他百思不得其解，不过在工作的时候，他观察之后觉得唯一的解释就是自己的双手因为长时间浸泡在鞣革的溶液里。一定是鞣革的溶液里有一些能使皮肤柔滑的化学成分。

这位工人开始将改制过的鞣革溶液涂抹在自己的脸上来做试验，直到这位工人在75岁去世的时候，他脸上的皮肤都显得红润，看上去比他实际的年龄要年轻十几岁。只是，当时他身边的女性都嘲笑他的这个试验，当然除了他的女儿，也就是玫琳凯的这位朋友。因为鞣革液气味很重，而且操作起来很不方便，极其浪费时间。

后来，玫琳凯的朋友因为这一件事情专门去学习了美容的知识和配制的基本方法，她甚至把家迁移到郊区，就为了将父亲留下的这样一个配方好好改造。她把父亲做出来的简单配方调和成了乳霜和乳液，这样比较易于让女性接受，而后，就像玫琳凯所看到的那样，她在自家的客厅里为身边的女性好友们给予一些美容指导，最重要的，还是让她们帮助自己做试验。

玫琳凯在了解到这些事情之后，对这些护肤品产生了浓厚的兴趣，但是那时仅仅局限于她自己使用，并且还向自己身边的亲朋好友们推荐使用，包括她自己的母亲。

多年之后，玫琳凯又想起了这个护肤品的故事，不同的是，这一次，她要用这种护肤品把自己的梦想公司涂抹成最亮丽的容颜。她在1963年买下了这种护肤产品的配方，这几张纸成为她的梦想是否能够顺利实现的关键。

在直销行业中，人人都可以成为赢家，只不过，玫琳凯是更敢于迈出坚定一步的那个人，她的梦想披上了美丽的外套，马上就要展翅高飞，冲向那一片湛蓝的天空。

3. 5000美金的重大意义

创业，是一个令人心动的词汇，很多年轻人都对于创业趋之若鹜，以为只要有梦想就可以将创业之路走得十分顺畅，殊不知，创业之路并不是一帆风顺的！也不是想当然的轻而易举。创业并不一定适合每一个有梦想的人，因为并不是所有的梦想都可以开出绚烂的花朵，创业也是一样，辛苦的打拼、精巧的谋划还有创业之后发展走向，每一个阶段都需要殚精竭虑，就像是比尔·盖茨说过的那样："这个世界并不在乎你的自尊，只在乎你做出来的成绩，然后再去强调你的感受。"

玫琳凯对于"创业"这个词汇，有着太多复杂的感情，和许多创业者不同，她不是冲着创业成功所带来的巨大财富而去做的，她只是想要证明自己的价值，展示自己的才能，向那些还看不惯女性追求事业的性别歧视人士证明：女性在工作地位上，绝对不会比男人低！她希望在自己的公司里，能够给广大女性们提供一个自由开放的环境，那些被人们所不看好的女性敏感或者直觉，在这里都是十分有用处的，更重要的是，这些女性能够在这里得到应有的荣耀。

创业的首要目的不是财富，而是荣誉，这并不意味着玫琳凯有多么的富有就不去在乎财富，事实上，为了成就自己的梦想创业，她已经投入了全部的积蓄——5000美元。但是这与成立公司所预期的还差一大截。而且玫琳凯虽然踌躇满志，但是她还没有想好如何去自己经营公司，一旦公司倒闭，如何去处理那些护肤品，她向自己的律师和会计师征求意见，他们都摇着头说："玫琳凯，你必须停下来，因为你做不到！"

就在玫琳凯筹划着如何运营自己的公司时，一件不幸的事情发生了，玫琳凯的丈夫霍伦贝克突然去世了。

那是一个早晨，玫琳凯和丈夫霍伦贝克像往常一样坐在餐桌旁边共进早餐。霍伦贝克还在为玫琳凯读着即将开张的公司所有的预算，并估算出来投入回报。玫琳凯也像是往常一样漫不经心地听着，她认为这些都是丈夫在刻意渲染，事实并没有想象中的那样糟糕。然而，最糟糕的事情马上就在下一刻来临，霍伦贝克先生心脏病发作，猝然倒地。

悲伤往往来得太快，快得让人来不及思考。每个人都习惯了每一天如同往常的生活，但是突然有一天，这些都不能再继续下去的时候，那种习惯就变成了极度的痛苦和自责，痛苦的是自己失去了心爱的人，自责的是没有更好地去珍惜曾经的往昔。

不管如何伤痛和愧疚，玫琳凯终究还是不能挽回这样一个事实，丈夫的离世让玫琳凯悲痛万分，但是她没有被悲伤掩埋，她相信工作是缓解悲痛的最好方法，更何况，她的儿子和女儿都给予了她力量。她想要继续将自己的公司如期开张。

在霍伦贝克先生的葬礼当天，玫琳凯的儿子和女儿也回到了达拉斯，也许这样悲伤的时刻不是一个探讨如何经营公司的好时机，但是玫琳凯觉得无论如何也要知道自己至亲的人的态度，因为她的梦想已经孕育了花蕾，只等着如期绽放，她不愿让这朵美丽的花就这样悄悄地夭折。

葬礼过后，家人围在一起，玫琳凯平静地向孩子们讲述着自己的想法，孩子们也在静静地倾听着。

27岁的本，是玫琳凯的大儿子，他已经结婚并有了自己的两个孩子，他在听完母亲的讲述之后，对母亲说："我不能尽快地将家搬迁回来，但是请放心，我一定会加入的！"他从自己的口袋中拿出了一个存折，那上面是4500美元，据玫琳凯所知那是本自从上高中以来所有的积蓄，他将存折交给自己的母亲，并对母亲说："妈妈，我想你可以做任何你能做到的事情，这是我所有的积蓄，在我还不能尽快赶过来帮助你之前，我希望你能接受这些钱！"

20岁的理查已经是得克萨斯的一家人寿保险公司的销售代表了，他的业务很优秀，每个月的薪水有480美元，这在当时已经非常了不起了，毕竟他还只有20岁。玫琳凯明确地向理查表示："如果我的公司开张的话，我需要你的帮助，但是我没有办法像你现在所在的公司那样支付你高昂的薪水，我只能每个月支付你250美元聘请你来管理我的公司！"理查毫不犹豫地接受了，他毅然辞掉了自己原来的工作，并且很快搬回了达拉斯。

不久之后，玫琳凯需要有一个人来管理她扩大的仓库，于是本就辞掉了自己在休斯敦的焊接工作，带着妻子和孩子回到了达拉斯，和理查一样，拿着每个月250美元的薪水，后来，玫琳凯的女儿玛丽琳也回到了这里，孩子们帮助自己的母亲去实现那样一个美丽的梦想。

　　看着孩子们对自己的支持，玫琳凯十分欣慰，她感叹着自己的孩子们真的是长大成人了，而且他们对自己母亲的无条件支持和信任都让玫琳凯觉得幸福。从他们记事开始，家里所有的事情就都是母亲来承担的，母亲就是他们情感上和经济上的唯一支柱，玫琳凯所做的每一件事，都是为了自己的孩子们更好地成长，这些都是他们有目共睹的。于是，他们知道，如果母亲想要做什么事情，那他们也就成了母亲唯一的精神和经济上的支柱。

　　在谈话过后，本搂着母亲的肩膀，安慰着她："妈妈，从小到大，你就努力地去做每一件事情，并且要把它们做到最好，我们知道这是外婆对你最好的教育，所以，你想要实现你的梦想，那就勇敢去做，因为我们都相信你会把它做到最好！"

　　这一席话让玫琳凯打消了所有的不安，之前，她压抑许久的心情终于得到了释放，她知道自己想要开一家公司的想法被太多人不理解，她也十分清楚，再也不会有第二次机会让她去完成这样的梦想了，她深知自己这一次如果失败将会是什么后果：没有安逸的晚年生活，没有重来的机会，之前的所有成功都将成为泡影！

　　但是，玫琳凯知道自己一定要去做这件事，不然她就会为之而后悔一辈子，如今，孩子们的态度让她更加坚定自己的方向，她知道，来自于孩子们的鼓励，就是她所需要的最好的精神良药。

　　1963年9月13日，那是一个星期五，在达拉斯的一个500平方英尺的店面里，玫琳凯化妆品公司如期开业了，这家公司有9名推销员，理查是财务理事，加上玫琳凯，一共是11个人。

　　就是这样一个小小的公司，当初有着太多的人不看好，却成了当今直销企业的典范之一，这与玫琳凯的自信和坚持分不开，就像是她常说的那样："直销行业，每个人都可以成为赢家！"玫琳凯因为自己的竞争精神，不仅仅成为了事业的赢家，还成了她自己人生的赢家，她在与自己竞争的过程中，获得了许许多多的宝贵经验，这将是她一生中最珍贵的财富！

4. 我有玫琳凯的热忱

直销事业，就像是一块魔方，每一个色块都能散发出迷人的神秘，让人不自觉地想要去探索，去改变！这个魔方也可以变成一个时光机，将人们带入到自己的内心，去细致地审视自己人生的价值体现。

玫琳凯的总部设在达拉斯最大的银行和商务中心的大楼中，在这里，交易广场占据了大厦的大部分面积，剩下的一些楼面都是国家级的公司，还有一些小型的商店，如咖啡馆、药店之类的.玫琳凯统计过，整个大楼里面有5000名女性员工在这里工作，可以说，总部所在的大楼里就有着无限的潜力等待挖掘，不过这些女性职员都是十分忙碌的，因此，玫琳凯觉得自己和员工们的优势就在于大家喝咖啡的两次休息时间里。

面对这个巨大的市场，玫琳凯也调整了一下自己的营销战略，那就是先付款后提货，这样的方法是不需要占用许多资金的。先付款也是玫琳凯制定下的原则之一，因为有过多年直销经验的她知道，很多先提货后付款的行为就可能导致很多的坏账，而坏账的堆积就意味着公司的垮塌。

在开业的初期，玫琳凯的公司还不算是太正规，为了吸引顾客，他们甚至还会提供当时非常流行的假发，理查在开张的当天还找了巴黎一位很著名的假发设计师来到开张典礼上，由他来设计典礼当天所要出售的所有假发，与此同时，还有一位可爱的小模特为大家倒香槟。在销售员们开始出去为顾客们讲授护肤知识的时候，最初也是要带着假发的，但是玫琳凯告诉大家要在讲述完护肤知识之后再将假发拿出来。不过，假发带来的问题接踵而至，假发不好打理，而且有的时候还不能满足客户们的需求；因为假发所需要的空间很大，所以玫琳凯不得不专门开辟出一个仓库来放置这些假发。

玫琳凯并没有因为这些困难而失望，她深知，每一家公司在刚刚起步的时期都需要花费一些时间来调整，她觉得自己有足够的信心让自己的事业一点一点走向正轨。在发现这些问题之后，玫琳凯就将假发这一附赠物品取消了，她希望自己的销售员们能够全力以赴地销售她们的护肤品。事实是，将假发这一赠品取消之后，下一周，整个公司的销售业绩提升了百分之二十。

成功的背后不仅是苦行，更多的是发自内心的热忱，那是一股劲头，如果缺失，是很难将自己的事业进行下去的，这是玫琳凯在25年的工作中总结出来的经验。于是她希望能够让自己的公司继续这样的热忱，而唱歌就是激发热忱的最好方式，唱歌也能增进团结，所以每天，玫琳凯化妆品公司中都会飘荡着激昂的歌声。玫琳凯为大家准备了几首歌，像是《我有玫琳凯的热忱》、《假如你要成为成功者你就拍拍手》等等，都是用简单好记的旋律谱成的，而且这些歌曲的词都是很容易打动人心的，可以起到激励的作用。每天，玫琳凯就和自己的员工们一起唱着这些歌曲，向梦想一步一步地进发！

玫琳凯还为公司的发展策划了很多独特的构想，比如取消了指定区域。公司的任意一位美容顾问可以到任何地点去招募新人，比如美容顾问可能去夏威夷度假，那么她就可以在当地招募新人；又或者美容顾问家住在达拉斯，而她在去看望自己居住在奥马哈的亲戚时，她就可以在旅途中发展新势力，无论怎样，美容顾问在招募新人之后，都可以根据新人的批发购物数量获得一份个人的招募佣金。而那位新人要在当地接受当地主管或者美容督导的培训，在当地去听培训的课程，当地主管要对这位新人负责，指导她如何走向成功。这个方案也被玫琳凯公司称为"养女"方案。

当时有很多的人提出了质疑：在没有得到佣金的情况下，真有人会去花心思培养一位"养女"吗？更何况这样的佣金还不是全部奖励给指导新人的那位顾问？这不等于是花费了时间却做了无用功？

公司里的美容顾问们却不是这样想的，在玫琳凯的带领下，每一位美容顾问或者督导都会有几十名甚至上百名的新人要管理，这其中，可能会有百分之四十都不是她本人招募来的，但是她对待这些人不会有什么差别，而且她也不会有任何的怨言，虽然培养这些"养女"的确是耗费精力的，但是美容顾问们都会这样想："我是在帮助她们！我在帮助她们走向成功，我在帮助她们找回属于自己的自信！而其他城市的人也会在帮助我训练我招募的新人。这是没有什么不同的！"这一机制也一直都是运行良好的。

不过，玫琳凯也承认这样的方式放在任何一家已经运行到正轨的公司里都是很难进行下去的，但是，这样的方案的确是可以在新组建的公司中运行良好的，而且玫琳凯也十分有信心将这个制度继续推广下去，因为她在宣传公司理念的时候，就一再强调"乐施"这个概念。在公司里，人们都重视给予胜过获取，这是一条玫琳凯的黄金法则，适用于公司的各个领域。

玫琳凯在培训员工的时候就灌输给她们这样的思想，于是，每一位美容顾问在向顾客推销产品的时候，脑海中闪现的并不是金钱或者利益，而是她要想着："我还能为这位女性做些什么，怎样才能让她更自信？怎样才能让她在结束今天的谈话时感觉比以往更好？怎样才能帮助我遇到的每一位女性去开发她们心中潜在的积极的形象？"女性因为有了外表的修饰，会觉得自己更有自信；而每一位女士在挖掘出内心的自信之后，她会由内而外地散发着自信的魅力光彩。如果她觉得自己是因为受到了鼓励而变得更好的话，那么她就会将这样的感受传播给身边的每个人，这就是玫琳凯的美丽魔法。

也许这样的黄金法则还在于能够将玫琳凯开办公司的初衷表达出来，给予每一个女性有充分的机会和自由。

美容顾问们因为加入了玫琳凯而变得更加自信了，她们在给顾客讲述护肤知识的时候，也给予顾客充分的自由空间，让她们在自由宽松的环境中了解产品并思考自己到底需不需要这样的产品。玫琳凯在创立公司之初就了解到女性们在选择化妆品或者护肤品的时候，并不知道自己适合哪一种，也不知道怎样去护理自己的皮肤，通常女性们的做法就是从百货公司买一瓶或者几瓶的护肤品，回到家通通将它们涂抹在脸上就万事大吉了，这其实是一个向女性们讲述护肤知识的大好机会。

在这样的认知下，玫琳凯觉得应该首先解决女性对护肤知识的需求，于是专门创办了一个美容护肤班，与其他公司的聚会需要20多个参与者不同，这个美容护肤班的人数限定在5~6人，这就是为了让每一个参与者都有着与自己切身相关的感觉，也便于参与者都能得到应有的关注，小范围的示范可以让美容顾问时刻注意到参与者们的情绪和感受，她可以教参与者们如何正确地清洗皮肤，如何将自己的眉毛画得修长显得眼睛有神，如何将自己的双唇画得饱满性感……这一系列的一对一的美容教程成了玫琳凯公司的特色，也是提升女性自信心的一个好办法！玫琳凯希望每一个从玫琳凯走出的女性都知道如何护理自己的肌肤，如何让自己的美变得更生动更迷人。

这就是玫琳凯在公司创办初期所做的美容规划，这对于玫琳凯公司今后的发展壮大都是十分重要的，梦想之花已经来到了花期，唯有盛放才是她的美丽舞姿，万紫千红中，独有玫琳凯的一枝独秀，烂漫于花丛中。

第三章 事业，从直销开始

1. 里程碑式的一周年

　　一个人有了事业就会发现生活中有太多太多的目标要去追寻，如何去保持奋斗和追求事业的心，这需要人们的心理情绪，当你将信心放在自己的身上时，你就会觉得自己在奋斗的路上充满了力量。

　　玫琳凯的事业刚刚开始，但是她对事业的未来有着满满的信心和力量。在最开始的两个月里，玫琳凯和理查带领着员工们忙碌地工作，事无巨细，她希望自己的事业在自己的努力下能够逐步走向壮大，而且几乎所有的事务玫琳凯都要亲力亲为，比如，玫琳凯亲自写了一份直销顾问导读，一共是5页，其中一页是"欢迎信"，她将这满满5页的直销导读印制成推销手册，分发给公司内部的每一位员工，鼓励她们去工作，而到了今天，玫琳凯公司的《美容顾问指导》已经远远超过了200页，这些都是由公司里所有成功的销售督导的经验和知识积累而来的。当时玫琳凯化妆品公司在玫琳凯的努力下，也渐渐走向了正轨，产品在达拉斯的市场也渐渐扩大。直到这时公司还是一个家族式的企业，玫琳凯的儿子理查，也是她的得力助手。

　　两个月后，玫琳凯去休斯敦看望自己的女儿玛丽琳，她给女儿带来满满一盒护肤产品的套装，没有任何的培训手册，玫琳凯对玛丽琳说："拿着这些东西去做一些什么！"母女之间的默契永远不需要多说什么，而且玛丽琳也一直在使用这些产品，除了照顾孩子之外，玛丽琳把所有的时间都投入到工作中去，也成了玫琳凯公司首批业务督导之一，如果不是因为她后来背部发生病变而被迫离开公司，玫琳凯相信她一定能够成为最出色的业务督导。

在开始的时候，一些女性加入到公司来只是抱着临时工作的打算，但是当看到公司内部的员工每个人都充满热忱，尤其是玫琳凯用自己的积极向上的精神去感染她们，她们无法再对公司说"不"，玫琳凯希望能够招募到更多的尤其是有着丰富推销经验的美容顾问一起工作，但是绝不去挖别的销售公司墙脚，也是她招募人员的原则之一。公司的第一位美容顾问是德拉·怀特，她和玫琳凯是很好的朋友，在她加入到这份事业中后，她非常喜爱这样的工作氛围，后来，她成了全国销售督导。当玫琳凯公司的任何一位全国销售督导的佣金收入超过100万美元时，她们就会获得这样的荣誉称号——玫琳凯公司的百万富翁，德拉·怀特也成了首批富翁之一。

如何将自己的产品推销出去，光有好的推销策略是不够的，最重要的还是产品本身的使用和质量的保证，玫琳凯在最开始推出的基础护肤系列，包括清洁霜、磨砂面膜、皮肤清洁液、防晒粉底以及晚霜，这些产品分别被放进不同的小小的试用瓶中，每一个美容顾问都有这样的试用产品，目的就是让许多顾客可以方便地试用，当时人们还没有认识到美容卫生和皮肤极易感染细菌，这样的发明已经算是非常超前了。

就如同现在的护肤品需要配套使用一样，玫琳凯公司的基础护肤系列中的5种化妆品需要同步使用才会使肌肤达到最好的效果，但是，在推销产品的初期，员工们总是会将这些产品拆分开，按照人们的需要来出售。那种粉底也被拆分开出售过，比如有几个顾客想要平分一盒粉底，她们觉得自己只想要每种产品的一点点，这时候，美容顾问就会用小刀和白纸将粉底拆分成平等的几份，最后再由顾客们抽签决定由谁得到粉底的盒子，这在今天的化妆品美容市场是很难想象的，但是，玫琳凯当时确实那么做了！

不久，玫琳凯就接到顾客们的反馈电话，她们觉得自己的皮肤并没有达到理想的效果，玫琳凯和所有的员工们调查了一下这种现象的根本原因，发现基础护肤的套装系列是不可以拆开零售的，就比如顾客们只用面膜而没有使用面部清洁产品，这样面部就会很干燥，起不到产品互相补充的作用。玫琳凯果断要求美容顾问们一定不要将基础护肤产品拆开分售，即使顾客们很不理解，甚至表示愤怒，这个原则都不可以更改。

最初公司开业的时候，玫琳凯和理查带领着员工们为了完成工作量，每天都要拼命工作16个小时甚至18个小时，当所有的订单做完之后，玫琳凯还要和员工们编写印制公司的信息报，这些工作往往让他们一直干到凌晨，但是他们没白费辛苦，在最初的3个月里，玫琳凯带领员工们创造了34000美元的销售额，还有一些额外的利润。

因为公司的业务发展的如此迅速，玫琳凯觉得必须增加办公室的规模，总部也被搬到了皇家大道1220号，玫琳凯和理查分别有了一间办公室，同时还有一个培训室和一间大仓库，总部的面积总共有5000平方英尺，相当于464.5平方米，玫琳凯公司的所有人都为之欣喜若狂了，因为这是他们一年来的成果，这代表着他们的事业有了一个值得骄傲的成绩。

1964年9月13日，玫琳凯举行了公司的首届年度大会，这个被员工们称之为"年度研讨会"的年会得到了相当的重视，这对于每一个人来说都是意义非凡的。年会场地就设在总部的仓库里，彩色的缎带纸和气球被用来装饰会场，美丽的小彩灯用绳子串起来，挂到了仓库的每一处角落，房间里到处都洋溢着热烈的气氛，每一个人都充满热情和喜悦。

年会的菜品就是鸡肉、沙拉还有一些果冻，当然，还有一些盛放菜品用的纸盘，不过，这些纸盘不是很结实不足以用来切鸡肉，玫琳凯只好提前一个星期将足够200人吃的火鸡烤制好，并剔除了鸡骨调制好配料将其冷藏起来，等到年会当天再把火鸡拿出来用那台陈旧的火鸡烘烤炉加热后和大家分享，玫琳凯还用各种水果和沙拉做了一个超大的果冻沙拉。只是，年会当天的天气稍微有一些炎热，所以沙拉都融化了。即使是这样，大家仍然情绪高涨，一位来自于得克萨斯的业务督导艾伦·娜丽还为大家带来了她亲手烘烤的一只大蛋糕，上面写着"一周年快乐"的字样。她们坐在座位上，拿着有些软软的盘子，每一个人都很高兴，仓库里回响着欢声笑语，理查还请来一个三人乐队来助兴，音乐声伴随着大家的好心情，一切都变得意义非凡。

晚宴之后，玫琳凯作为宴会的主人，还举行了首届年度颁奖晚会，她在晚会上说了很多，包括一年以来大家取得的成就以及对明年的期盼等等。玫琳凯在晚会上激动万分，她将晚会的演讲稿留存下来，她希望在明年的晚会上可以做一个对比。事实上，玫琳凯留存着每一年的晚会演讲稿，然后经常做一些修改并加上新的内容，在她重温那段时光的演讲内容时，她发现自己最爱说的一句话已经连续几次出现在以后几年的演讲稿中了，那句话是这样的："明年，我希望有3000人加入到我们的行列！"这个数字当时只是来源于理查的市场调查报告，但是在第二年的年会中，玫琳凯已经将这个数字改成了10000，这让她十分愉悦，到了第三年，她又将数字改成了40000，这样增长的数字的确是让玫琳凯信心倍增的，后来，她就把数字那里空出来，随时用铅笔填补上去数字就可以了，因为玫琳凯的员工数目每一年都会有很大的改变，而到了今天，更是有成千上万的女性加入到这项伟大的事业中来！

事实证明，公司的快速成长带来了许许多多的变化，这都是玫琳凯乐于见到的，事业的航船已经扬起了它的风帆，剩下的，就交给时间吧，一切都会变得更加美好，一切都会与最开始有很大的不同，梦想会带着这艘航船驶向最美丽的大陆！

2. 一张快乐的脸

快乐是什么？如果你去问一个孩童，他也许会告诉你，快乐就是一块糖；如果你去问一个年轻人，他也许会告诉你，快乐是奋斗；如果你去问一个中年人，他也许会告诉你，快乐是家庭；如果你去问一个老人，他也许会告诉你，快乐就是坐在黄昏里，回想着这一生的酸甜苦辣，然后会心一笑。

快乐的定义有很多种，快乐可以简单，快乐可以让人变得轻松，快乐可以让人发现生活中的美好细节，有的时候，我们不能让自己太久处于压力下，不论我们正在面对什么样的问题、什么样的挫折，我们要做的，就是带着一张快乐的脸庞，去面对我们的人生。

玫琳凯当初在和第一任丈夫离婚的时候，有一年左右的时间都是无精打采的，沮丧不安，每天出门的时候，即使外面的阳光再灿烂，在玫琳凯的眼里都是灰暗的，朋友们的安慰也不能让她觉得温暖，她甚至还为此专门去看了心理医生，但是，无论医生用什么样的方法来调节，对于她的失意都是无济于事的。

但是，为了孩子们，玫琳凯知道自己必须振作起来，她不能也不允许更没有时间继续消沉下去，她告诉自己："无论什么时候，都要带着一张快乐的脸庞出门！哪怕这样的快乐是一张面具，也要带着！"无论是强颜欢笑也好，或者真心的快乐也罢，玫琳凯每天出门之前，都会在镜子前给自己一个标准的微笑表情。

这样的"微笑治疗法"让玫琳凯逐渐走出了那片黑暗，所有的不快乐也都一扫而光，健康状况也开始好转，销售业绩也稳步提升了，玫琳凯由此得出了一个经验：别管在出门前遇到了什么，有着什么样的负面情绪，出门的时候都要给自己一个微笑，当别人问你最近过得好不好，你一定要回答："好极了！"这样你的一天都会好极了，每一个人都会有不好的情绪，都会有失意的时刻，但是，不要把这些情绪带出门，出了门就要把所有的问题和情绪关在家里，因为一个人的思想深度能决定他有多快乐！

在玫琳凯刚到世界礼品公司工作的时候，她发现这里的员工几乎都很冷淡，缺乏的就是那种团队精神，所以当玫琳凯为公司的员工培训时，她就举办了一个歌唱的比赛，为的就是鼓励大家打破僵局，用自己的热忱去面对每天烦琐的工作，当时很多员工都积极响应，甚至还有人创作出很多首有关于世界礼品公司的歌曲，这些歌曲让整个销售团队都有了积极向上的乐观的情绪，所以，玫琳凯在创办自己的公司时，最先做出的一个重要决定就是拥有公司的"快乐歌曲"。她发动每一位员工来思考歌曲的简单旋律，并让大家坐在一起挑选最合适的歌曲，然后在公司会议上演唱，激励大家的热情和自信。

有了一张快乐的脸，随后就能激发人们内心一整天的工作热忱。就比如在一个家庭里，如果一位母亲早上起床的那一刻，脸上就没有快乐或者轻松的表情的话，那么这一家人的心情都会受到影响的，但是如果这位母亲从早晨开始，微笑着叫醒家里的每一位成员，并在餐桌上说着一些令人愉悦的话语，那么每一个人的心情肯定会有大大的改变，这就是会"传染"的热忱，一个人的热忱是可以传到另一个人的心里的，玫琳凯一直相信着如果一个人表现出快乐和热忱，那么长此以往，这个人就真的会变得热忱而有活力。

有一次，玫琳凯邀请了一位很著名的演讲家为公司里的业务督导和美容顾问们做演讲，但是由于当天的天气原因，飞机不得不临时调整飞行航线，这让这位演讲家的航班时间延误了几个小时，本来已经计划好10点开始的演讲不得不临时用别的节目来替代，玫琳凯当时并没有多说什么，而是站在台下监督着替代节目是不是在有条不紊地进行。

当助理告知玫琳凯，这位演讲家已经到达后台后，作为主持人的玫琳凯拿起自己早已准备好的赞美演讲稿件，开始声情并茂热情洋溢地向观众们介绍这位演讲家，当玫琳凯用余光去观察这位演讲家的时候，发现他正在后台不断地捶胸顿足并且跳来跳去，这让玫琳凯觉得有些不可思议，因为自己正在这里用最热情的语气去赞美他，而他竟然在那里犹如发泄情绪一样地舞蹈！玫琳凯觉得内心十分的忐忑。

等到玫琳凯发言完毕，那位演讲家几乎是跳着上台的，但是接下来，他做了一场十分精彩的演讲，那些铿锵有力的语言都是十分激励人的，演讲结束的时候，台下的掌声经久不息。玫琳凯也算是松了一口气。午餐的时候，玫琳凯特意坐到了这位演讲家的身边，她向他说出了她心中的疑问："上台之前你的表现几乎把我吓个半死，我是真的很不理解为何你会在后台做那样的举动，不断地上蹿下跳、还用手捶打着自己的胸膛，是什么事情让您觉得困扰了吗？"这位演讲家听了玫琳凯的问话，笑着说："我的本职工作就是去鼓励别人，但是有的时候我真的疲于做这项工作。比如今天的飞机延误事件，本来这样的事已经很让我恼火并且疲惫了，但是等到我来到现场后，我知道我必须要有活力地投入到我的工作中去，因为台下的所有人都等着听到我的鼓励和安慰，所以我必须先让自己有热忱的精神面貌，所以我就必须用这样的方式来让自己有高昂的情绪和热血沸腾的感觉！"

这一段话让玫琳凯感同身受，她知道长期地保持快乐和热忱是一件很难的事情，但是只要坚持下来就一定能够成为一笔财富，一笔巨大的精神财富。

当玫琳凯的生意不景气的时候，她觉得还是要用一张快乐的脸庞去面对这样的工作，有一件发生在她身上的事情很有趣，但是这也说明了热忱的重要性。

1966年，玫琳凯和她的第三任丈夫梅尔结婚了，生活中的这个变化也为玫琳凯带来了不一样的快乐，她和梅尔是通过一位共同的朋友引荐相识的，当时玫琳凯的公司刚刚成立，而梅尔已经有了自己成功的事业，但是，玫琳凯的公司在日益发展壮大的过程中，也吸引了梅尔来为这所公司规划，这对于玫琳凯来说，是值得欣慰的。

结婚后，两个人到罗马去度蜜月，当两个人在竞技场旁边的露天餐馆用餐时，一边欣赏着异域的美景，一边轻松地聊天。这种露天餐馆十分开放，长条桌都是紧紧挨着的，当时梅尔还开玩笑地说："不是说罗马以美女著称吗？怎么这么久我都没有看到呢？"话音刚落，一个漂亮的女人和她的丈夫由侍者引导着坐到了邻座。这个女人个子高挑，象牙色的皮肤和黑色的长发相映得体，衣着简洁大方，她真的很漂亮，玫琳凯不由得多看了她几眼。

两对夫妇在各自的餐桌上用餐，玫琳凯的丈夫梅尔拿出了自己的烟正准备要抽，隔壁的男人问梅尔是否可以给他一支烟。原来这一对夫妇在欧洲的6个星期一直都找不到正宗的美国烟，这位男士特别想要抽一支，梅尔也很大方地给了这个男人一整包烟。于是，这两对夫妇也因此而攀谈起来。那个男人问梅尔做什么工作，梅尔回答说："做生意，我正在做礼品生意，而我的妻子正在做化妆品生意！"

一听到化妆品，那位漂亮的女人立刻就很感兴趣地问："是哪个牌子的化妆品？"玫琳凯笑着回答说："玫琳凯化妆品，可能你都没有听说过，因为我们的公司刚刚成立两年多！"随后的时间里，玫琳凯和那位漂亮的女士畅谈了许久关于玫琳凯化妆品的话题，等到晚餐结束的时候，那位漂亮的女士已经开出了一张支票，订购了玫琳凯公司所有种类的产品，这简直就是一笔巨额的订单。玫琳凯相信，一定是自己的热忱感染了这位漂亮的女士，她也按照这位女士的要求，将产品按时邮寄到了这位女士所提供的地址——墨西哥。

这位女士在试用了产品之后，更是热衷于每隔一个月就订购几套化妆品，从美国邮寄到墨西哥，加上税费是相当昂贵的，不过这位女士仍然乐此不疲。这让玫琳凯很是好奇，她曾经询问过这位女士频繁订购的原因，这位女士说："因为用了这套化妆品之后，我的朋友们都觉得我比原来更迷人更有自信了，她们都希望能够像我一样，于是，我就不断地订购这些化妆品，为了送给我想变美的朋友们！"

这个故事，是玫琳凯心中值得珍藏的故事之一，她觉得正是因为自己有了一张快乐的脸，所以才让自己看起来显得自信非常，也正是自己创造了属于玫琳凯公司独特的热忱，也就促使了产品的畅销，这些动人的面孔无时无刻不在提醒着玫琳凯，要有一张快乐的脸庞，才能打动别人的内心。

3. 销售方式的"擦边球"

有一本阐述什么是销售的书籍，其中对于销售的概念是这样诠释的："早在人类出现时，销售就出现了。在《圣经·旧约》的第一章，我们看到夏娃说服亚当偷食禁果，不过夏娃不是第一个销售人员，这个称号应该属于那条说服了夏娃把禁果推销给亚当的蛇。"

说起《圣经》里这段故事，每个人都是非常熟悉的，但是又有多少人会从销售的概念来解读这个故事呢？这就不得不说这本书的作者有着独特的见解，他对于销售的这样一种描述，就可以轻松地吸引人的眼球，从而达到销售出书籍的目的，这也算是一种销售手段。

作为一门学科，营销学出现于20世纪的上半叶，等到了50年代的时候，已经被人们运用得熟练自如了，所以，销售这样的经济手段早就成了一种普遍存在的现象。无论什么样的企业，销售都是需要解决的第一要务，销售量更是体现了这个公司的竞争实力。

玫琳凯公司从最初创立就选择了一条在当时还是很新鲜的直销模式，而这种直销模式又与传统的直销模式有着很大的不同：将挨家挨户的销售模式转变为小组展示的销售。

销售员在玫琳凯公司被称作美容顾问，之所以称之为"顾问"，也是希望能够让顾客们感受到更专业的美容服务，而且玫琳凯的美容顾问们不是在单纯地销售产品，而是采用通过展示产品的方式来向顾客们"间接销售"的营销方式，她们用最为细致周到的语气和专业知识向顾客们传授如何正确地使用产品，如何让自己看起来更漂亮、更自信，这样的销售方式的确取得了巨大的成效。这也使玫琳凯公司产生两大独立的销售团队，那就是美容顾问和直销商。

在经营策略上，玫琳凯没有按常理出牌。她决定采用新方式：付款才能提货，但经销商只要支付零售价的百分之五十就可以购买一套完整的产品，这会让更多的直销商和消费者从中受益。

无论是美容顾问还是直销商们，只要是接触了玫琳凯产品的员工们都懂得一个道理：产品－销售=废品。这是玫琳凯公司每一位新人在接受培训的时候，必须知道的最重要的一点，而且这也是每个公司需要知道的真理，没有销售的产品就变成了废品。因此，每一次的公司年度酒会上，玫琳凯都会对她的业务部门致以崇高的敬意，她会对这些员工说："很高兴和你们这一批优秀的业务员在这里相聚，没有你们的努力，就不会有今天这一切的成就！能够和你们这些优秀的女性共事是我的荣幸，我认为你们是世界上最优秀的业务员！"

站在员工的立场上，当听到由衷的赞美，会油然而生出一种自豪感和归属感，他们感觉到自己对于企业而言是不可或缺的。这样的工作方式，也能够体现玫琳凯的独特销售体系。但是，在其他的直销公司，销售却没有受到足够的应有的重视。比如，有一次玫琳凯应邀去参加一家销售公司的年会，在会上，公司总裁对全部员工作了一场演说，但是，很明显的，他十分的傲慢，而且，对于他的销售员，他也没有表现出足够的诚意和鼓励，他一直在强调自己的公司有多么庞大的流水线和生产迅速的技术工人，他还着重说明了自己公司里先进的设备和强大的货运能力，但是，对于自己的销售员，这位总裁只有寥寥几句的批判："看看你们的这些业务员，就是你们在拖公司的后腿！我们的产品已经好到了只要训练一条狗去分发宣传册就能有上千人来购买的地步，而你们之中，根本没有人懂得什么是销售！"

这一番话让台下的销售员们垂头丧气，甚至公司里其他部门的员工们也像是从总裁那里得到了暗示，开始在销售员面前趾高气扬，态度十分傲慢，慢慢地，这样的不平等关系让销售员们在这家公司里的地位越来越低，最后连销售员们的亲属都不愿意参加公司的年会了，这种来自于家庭方面的压力，让销售员们更是无法安心工作。

这样一个很经典的案例成了玫琳凯管理公司的一个前车之鉴——想要成为一个优秀的管理者，一定要尊重并且重视公司里的销售员，这样公司才会有更好的发展前景。

玫琳凯公司正是注重维持与销售队伍的关系，才会让数以万计的顾客一直都对玫琳凯保持着高度的关注度和信用度。就比如美容顾问这一职位，她们除了在给顾客们提供美容和彩妆知识之外，还可以和顾客们建立友谊，这也可以让顾客们体会到贴心完美的服务，这样也可以促进产品的销售，这是一个良性的"销售"循环，因此，销售这一环节是非常重要的。

与其说，这是玫琳凯一种独特的销售方式，不如说是一种销售方式的"擦边球"，因为玫琳凯说过，创办公司的初衷并不是为了盈利，而是为了让更多的女性去发现自己的价值和自信。这也算是玫琳凯打了销售策略的一个擦边球。

销售是直销公司的灵魂，没有销售，再好的产品也会变得一无是处，这是一个直销企业最应该注重的环节，也是最难做好的一个环节，然而玫琳凯将这项业务用自己独特的方式去开展，征服了千万女性！

4. 职业，家庭

  20世纪的五六十年代，女性开始进入到工作的大军中，随着社会经济的发展，越来越多的女性开始追求自己的事业和理想。在1963年的时候，32%的已婚女性都开始有了自己的工作，到了1983年，这个比例变成了51%，直到今天，数以千万计的女性有了自己的工作，她们有着自己对于事业的独特想法，有着成功的管理经验，但是，如果你去询问一下世界上所有的女性她们的职业是什么，80%的女性朋友会告诉你，是家庭。

  在20世纪三四十年代，甚至更早些的时候，女性的地位一向都是很低的，她们每天只能围着家务和孩子转，而男人们除了工作什么都不用管，女性也因此而不知道如何去体现出自己的价值，也许是传统观念一直以来的影响，即使是女性有了自己的工作，她们也仍然觉得自己的主要职责是照顾家庭，工作只不过是用来体现自身价值的。

  一个女性是有多重身份的，这也就意味着在她们的身上有着太多的责任，而且无论事业多么成功的女性，她们给自己的责任划分的时候首先是作为一个妻子和一个母亲，然后才是家庭主妇和职业。对于玫琳凯来说，她作为一个女商人的角色也比不上作为一个家庭主妇来得自然。

  一个职业妇女的多重身份让她的生活被安排得满满的，从早上开始，她的角色就轮番上演了，作为一个妻子和母亲，她要做好早饭，等到丈夫和孩子们吃完早饭，分别去上班上学之后，她就要立刻转变为家庭主妇，洗碗、收拾家务、列出购物清单，然后，梳洗打扮一番，她就要出门去开始自己的工作，一天的工作忙碌过后，她又要变成管家、洗衣工、厨师、老师、妻子、保姆甚至是面包师，这就是一个职业女性的多重身份的一天。玫琳凯在总结了这样的一个规律之后，也开玩笑说："每一个职业妇女都需要一个'妻子'！……"

玫琳凯也有过这样的忙碌，当她拥有了自己的事业之后，家务和工作也开始"侵占"了她更多的时间，丈夫不希望妻子将全部的时间都投入到工作里，孩子们还等着母亲的关爱，更何况还有一堆的家务等待着玫琳凯去做，即使这样的压力很大，但是玫琳凯却找到了一些可以从中调和的办法：下班之后，玫琳凯会开车回家，这个过程需要耗费16分钟左右，而在这段时间里，玫琳凯会马上调整心情，从一个职业女性转换到一个妻子和母亲的角色。

回到家里，玫琳凯就要马上开始着手准备晚餐，然后丈夫希望玫琳凯在收拾家务之后能陪着他一起看电视。起初，玫琳凯的工作实在是太多了，她不得不在看电视的时候，一边看一边整理资料，但是梅尔却觉得玫琳凯陪伴他的时间被占用了，于是玫琳凯就放下了手头的所有工作，将这一段时间完全留给家庭，因为她爱自己的丈夫，也爱自己的家庭。

工作被留到了第二天的早晨，每天早晨，玫琳凯都要五点半起床，在七点半出门，中间有两个小时的空余时间，而且早晨起来工作，是十分有成效的。为此，玫琳凯将这个心得分享给了员工们，甚至，她们还组成了一个"五点半俱乐部"。

找到工作的女性一般都是很少能够得到他人的支持的，因为在当时那个时代，女性可以工作的岗位十分稀少，如果女性既想要出去工作又要照顾家庭，必须学会怎样去牺牲和妥协，毕竟对于大多数女性来说家庭在她心中还是占据重要位置的，而且家庭的重担还是完完全全压在女性的肩膀上，如果女性们想要工作，那么唯一的"借口"就是：没有家庭负担，这样的女人不是寡妇就是离异或者未婚者。即使是这样，那个时候选择事业的女性还是要遭受人们的怀疑。但是，值得庆幸的是，时代已经不同了，现今，女性已经可以像男性一样去追求自己的事业和发展。

玫琳凯一直认为时间短缺可以有很多的方法解决，这并不是没有或者顾不上工作的一个借口，时间有很多方法去节省，而且社会的改变也带来了更多的省事省力的创新，比如烦琐的家务事就可以适当地找清洁工来做，而自己也可以多省出一些时间来陪陪家人；越来越多的高质量的日托中心、延时托管的公立学校、快餐店以及微波炉、洗碗机的应用，这些都是一些可以省时省力的科技，这样的变化都可以让女性从繁重的家务中解脱出来，能够更简单合理地安排自己的家庭和事业。

同时，随之而改变的还有男人，过去，在很多的公司里，女性是得不到与男人同工同酬的待遇的，但是当更多的年轻人走向自己的工作岗位之后，他们的思维也开始转变。有一项调查显示，在25岁到65岁之间的商务人员中，45岁以下的男性是更愿意平等对待妇女的，他们也更愿意帮助女性走上事业成功的阶梯。这在那个男人地位为上的时代里，是十分难得的。

"如果一个男人和一个女人一起承担家务并分享共同事业所带来的利益，那么他们也会分享日常生活所需承担的小任务，那样他们会给孩子和对方的时间就会更多一些！"这就是玫琳凯对于夫妻之间、对于家庭认知的最好诠释。

把一切都做好，也是对于一位女性来说最好的方法之一，如果你发现自己需要做的事情太多，那么首先要分出一个侧重点，相应地划分一个时间区域，大致知道自己完成一件事需要多少时间，平衡地将这些事情一一分配好，就意味着你已经将自己的身份把握得当了！

一个职业女性有着很多的身份，她是一位母亲，一个妻子，一个女儿，一个管理者，一个有着自己思维的人，她不能只被定义为一个家庭妇女，一个好丈夫是有义务和自己的妻子一起来分担家庭责任的，没有人天生是从心底里真正喜欢打扫卫生，那就让丈夫和妻子都来共同承担。这样也许更能促进夫妻之间的感情，因为两个人都可以感受到对方的重要性和浓浓的为彼此着想的爱意。最重要的是，这不失为女性成功的表现之一！

第四章　风浪中的销售王国

1. 科技的改变

一个企业要想有创新，就要由科技来改变，知识社会环境下的科技创新包括：知识创新、技术创新和现代科技引领的管理创新。就像是比尔·盖茨所说的那样："没有创新的公司是活不下去的！"这也充分说明了科技对于企业的重要性，说是"生死攸关"一点也不为过。

玫琳凯公司度过了艰难的创业时期之后，就开始了快速的发展时期，并且迅速地在全球范围内开始了一场销售风暴，这不仅仅是因为玫琳凯化妆品的企业精神在引导着女性们更加自信，更重要的是玫琳凯公司旗下的多元化产品让不同群体的消费者有了更多的选择。

比如针对女性极其关心的皮肤老化问题，玫琳凯公司推出了经典保养皮肤的系列产品，洗面乳、抗皱保湿乳和精华素等等都是保持皮肤年轻的产品；考虑到女性们在怀孕期间也会有对皮肤护理的特殊要求，玫琳凯公司也推出了母亲护肤产品系列，如肌肤修护霜、腿足活力霜和宝宝倍润霜等等。同时，玫琳凯公司也是最早推出男士护肤保养系列产品的一家公司。

这一切都是玫琳凯公司在发展过程中所注重开发的系列产品，而这些也都是得益于公司管理层面的决定。早在玫琳凯公司刚刚成立之初，玫琳凯和领导层就达成一个共识，想要让公司发展得更好，科技创新绝对是公司生存发展的关键，而且化妆品的创新改革，也是让企业发展的唯一选择。

玫琳凯知道企业的长久发展并不能只依靠销售。还要有更多的产品种类来吸引不同的消费者群体，她带领着自己的团队，广泛发掘身边的消费群体，也由此出现了不同系列的产品，比如专门为男士研发的皮肤保养系列产品就是很好的一个例子，男士的皮肤与女性有所不同，男士们由于平时的运动量较大，皮肤略微粗糙一些，因此，男士专用香皂就是用油脂制成碱性皂，提炼了芦荟、黄瓜、冰州苔等多种植物的精华，可以将男士的油性皮肤彻底清洁，并且可以有效去除死皮；而且，男士们不喜欢女性钟爱的那些浓烈的香味，但是他们希望自己身上有着属于男士的独特气味，因此，适用于男士使用的杜曼古龙香水成了成功男士的必备产品，独特的香味是由薄荷、凤凰花和樱桃木等多种名贵花木组合而成，淡淡的香气持久清新，可以让人神清气爽。

在当时，化妆品行业绝对是更新速度很快的一个行业，到了90年代末，玫琳凯更是认识到了科技的大发展已经让人工作业的时间大大缩短，生活节奏也随着科技产品的普及而加快，人们对于美容方面的要求也开始改变了。

玫琳凯充分认识到改变的重要性，而且公司的发展顾问巴可博士也认为，一个化妆品公司不可能永久兴旺，除非它能永久保持自己的经典之作并不断地发明创新。为此，玫琳凯也从科技创新的角度将公司重新做了调整。

内部的研发小组是玫琳凯走出的创新第一步，小组的成员都是由皮肤科、微生物科、化学科、植物学科、药理学科等方面的专家组成，因为化妆品的主要成分还是由植物和化学成分相结合而来的，从内部收集创新的灵感是一项十分有利的举措，小组内的成员从自身的专业出发，集思广益，不断地改进现有的产品。

除此之外，玫琳凯还会发动公司内部的所有员工采取主动的姿态，因为每个人不同的想法和理念，每一个人都是创新的一个环节，这样的文化观念也体现了玫琳凯公司的一种文化氛围，在创新面前，没有所谓的领导和员工，大家都站在同样的立场上，那就是为了公司更好的明天而开动脑筋。

玫琳凯公司曾经聘请了一位高级化妆品顾问来为公司做规划，在参观了公司里的日常工作之后，他对玫琳凯公司的管理队伍发出了赞叹，他觉得公司的管理制度有很大的弹性，这也就让创新之路有着很大的发展空间，每个人的创造思维都很强烈。他说："我从来没见过这样的公司，简单来说，我的工作就是让我在各个公司里发现平衡之下的不足，然而我从来没有见过有哪家公司的管理层像玫琳凯公司一样对创新有着高度的一致性！这是让人惊讶并且敬仰的！"

面对化妆品市场的变化，玫琳凯的研发部门推出了"幻时"系列，这种产品可以将原来的美容步骤从五步减到三步，但是仍然能够提供改善肤色和抗衰老的独特效果。这个系列的产品一炮打响，也获得了专利，随后这一革命性的发明也被应用到护理身体的其他部位。

1996年，玫琳凯公司又将目光对准了新的研发项目——对瘙痒发炎型皮肤的舒缓和护理的产品，无论这种病症来自于皮肤的本身还是因为其他外界因素，如接触洗涤剂或者剃须水等。员工们又为此展开了专项调查，内容包含公司科技的提高、专利技术的许可和医药配方的使用等方面，而公司里的科学家们也开始着手为产品研发而做了许多的实验，终于，科研人员对生物提取这项技术有了很大的突破，并且成功地研发出了几种具有舒缓作用的提取物，随着对提取物混合的实验参数反复的对比，研发人员最终发现了一种产品是十分有效的；2001年，玫琳凯公司根据这一实验的结果推出了一种"舒缓凝露"护肤系列产品，这一创新性的产品也成了最为畅销的产品之一。

每一年，玫琳凯公司都有一项固定投资的项目，约斥资5000万美金。它是德州一家科研机构的科研项目，以科研见长，它的生产工艺领先于世界水平，每年都会有一些优秀的生产工艺技术问世，因此，玫琳凯希望能够将最好的生产线应用到自己的产品上来。比如，所有的原材料都被运送到一个有着很多高举架的厂房内，材料通过这些架在举架上的管道被输送到各个制造车间内，这样既节省了时间，又能减少人工操作的时间，十分便利。

当然产品质量的监管也是玫琳凯公司的重要部分，包装材质是否严密、微生物科技的抽检、电脑同步操控等等，都是确保产品质量合格的关键，公司的各个部门都严格把握产品的质量检验，这也是玫琳凯产品的口碑居高不下的原因之一！

科技是创新的基础，而创新更是一个企业的兴旺根本，经过努力，玫琳凯以它的实力赢得了全世界各国的消费群体的盛赞，这对于玫琳凯来说是一种欣慰和骄傲，因为她用自己的热忱将自己的梦想变成了现实，同时也成了全球范围内的护肤和彩妆的著名品牌之一！

2. 股市中的战场

按照资本市场的规律，很多企业度过了发展期之后，便会开始研究开拓新的直接融资的渠道，而股票上市就是一个吸纳资金的好方法。

每一家日益壮大的公司都有一个共同的梦想，将自己的名字印刻在股市的"花名册"上，发行股票是一种类似于荣誉的象征。

在与金融相关的书籍中，我们可以知道："股票是股份公司在筹集资本时向出资人公开或私下发行的、用以证明出资人的股本身份和权利，并根据持有人所持有的股份数享有权益和承担义务的凭证。股票是一种有价证券，代表着其持有人（股东）对股份公司的所有权，每一股同类型股票所代表的公司所有权是相等的，即"同股同权"。股票可以公开上市，也可以不上市。在股票市场上，股票也是投资和投机的对象。"

企业将自己一部分股份推向市场，在设置一定价格基础上，让这些股份在市场上交易，股份被卖掉之后换来的钱就可以用来继续发展。而且企业上市之后，还会大大地改善自身的形象，因为一家企业上市之后，众多的投资者们会通过各种渠道来了解和关注这家企业，一家上市的公司总是会给消费者和投资者们留下规范性强、管理模式良好的印象。

玫琳凯看着自己日益发展壮大的公司，觉得是时候上市了！

在20世纪初，美国大部分公司中男性员工的工资报酬都是高于女性的，然而整个社会的女性失业率远远高于男性，这样明显的性别歧视让很多女性觉得不公平，而玫琳凯就是为了让女性得到更多的公平待遇才创办了自己的梦想公司，她将自己的全部心血倾注在这里，她希望激励更多的女性来达到自己前所未有的经济独立的地位。

也许是时运所致，正当玫琳凯开疆扩土之时，世界妇女解放运动也正达到了顶峰，这次运动所提倡的"丰富女性人生"也与玫琳凯公司提出的口号不谋而合。

女权运动早在1780年就产生了萌芽，当时一位法国女作家奥普林·德古杰发表了《妇女权利宣言》，这成了妇女运动的一个纲领性的文件，但是那时，还没有大规模的妇女运动，所有的女权捍卫方式还都停留在文字斗争阶段。真正的有组织的美国妇女运动在20世纪60年代开始兴起，并且在60年代末达到了高峰，世界性的女权运动有了新的发展动向，全世界的目光都开始投向女性，一个崭新的时代就要来临。

在当时妇女运动的狂潮下，玫琳凯公司也随着这股浪潮开始走向辉煌，1978年，玫琳凯公司开始发行股票，玫琳凯成了纽约证券交易所上市公司中的第一位女董事长。

上市这一决策为公司带来了广阔的融资渠道，而且公司也在上市之后发展得更为迅速，一年时间内公司已经拥有4.6万美容顾问，5000万美元的销售额。

股票上市带来收益的同时，也像一把双刃剑，带来了很多的弊端。

企业上市之后，公司的管理者需要定期地将公司的相关资料都通报给股份的持有者，这也就是说，玫琳凯和管理者们做出的决定需要满足股东们持有股票时的短期利益。但是，有时，一些决策是会与股东们的利益有一些冲突的。在大环境上，政府监管也并不十分有效，投机行为和人工操纵无处不在，所以，股东们难免会产生恐慌情绪。

这一系列的恶意打击让玫琳凯和公司管理层都对这样的公开交易越来越不满意，同时也给她们带来了很大的压力。到了20世纪80年代，玫琳凯化妆品公司的销售业绩陷入了前所未有的低迷状况，随着美元贬值和黄金外流情况严重，原本欣欣向荣的股市也开始一路狂泻，甚至一度跌幅达到了75%，许多公司开始回购股票，希望能够将自己的损失降到最低。虽然玫琳凯公司的管理者们对于这样的状况也十分着急，但是，玫琳凯依然觉得时机还没有到。

1985年5月，玫琳凯化妆品公司的股价已经上升到10美元，并且稳定地在这个价格基础上轻微浮动。玫琳凯和理查觉得应该趁现在出手一搏了，他们向公司董事会提议运用杠杆式收购的方式来渡过这个金融难关。所谓杠杆式收购，就是以3.15亿美元收购流通在外的70%股票，这是玫琳凯和理查的共同提议。

日渐普及的杠杆式收购原理很简单，公司的管理者大批地借款，买回所有上市的股票，然后再用现金收入或者出卖资产的所得来偿还之前所借的所有款项。玫琳凯和理查认为自己的提议绝对符合公司和顾客们的绝对利益，但是这一项提议遭到了董事会的一致反对，为了能够说服董事会，玫琳凯母子在当年10月提高价格，董事会终于在两个月后同意。玫琳凯母子的收购行动耗资3.04亿美元。

这样一来，玫琳凯和理查掌控了管理公司的自主权，公司的产权再一次回到了玫琳凯·艾施的名下，并且也重新恢复了私有家庭式的经营方式，在股票市场，价格不再轻易波动，并且不需要支付任何红利给任何一位投资人。公司内部的一位管理者这样评价这一次的股市风波："玫琳凯曾经在美国上市，因为上市公司更看重短期的目标实现，这样才能有好看的财报吸引投资者。不过，玫琳凯更看重公司文化的建立，以及长久发展，所以股票市场的风云变幻并不是玫琳凯所追求的！"

此后，玫琳凯化妆品公司就正式回到了私人公司，在玫琳凯和管理者们大胆的经营模式下，呈现出了一路向上的发展势头。

3. 黄金法则的不同运用

黄金是一种美好的象征，它代表着至高无上的权力以及不可撼动的权威。"真金不怕火炼"，这是在形容它的特质，也许，就像是黄金一样，一切真理都经得起时间的打磨！玫琳凯在公司的不断发展过程中，总结出了一套专属于玫琳凯公司的黄金法则。

《圣经》第七章里面有一句话，"你怎样去对待别人，别人也会怎样去对待你！"有些人认为这已经是陈词滥调，殊不知，这样一句话如果放在人事管理法则上，仍然不失为一则经典的经验。这就是管理的黄金法则。

玫琳凯公司最初成立的目的就是帮助所有的女性找到属于自己的位置，作为一位母亲和一位妻子，玫琳凯很希望能够通过自己的努力，做一些对身边的女性朋友有益的事情，就像是每一位女性对自己朋友和子女所做的那样！

在事业上，对人有责任心是一件很重要的事情。

玫琳凯早期的工作给她留下了很多的经验，于是，她决定从一开始就采取一种用激情和热忱来激发员工的管理方法。热忱是可以后天养成的，在玫琳凯公司，每位员工不是为了卖出产品而努力，而是用传授皮肤护理知识来表达她们对于产品的热忱。每一位被挑选出来的美容顾问都是那些能和身边的人分享有哲理教育意义的人，而不是只会一味想着销售的人。

顾客们都喜欢这种"礼貌劝说"的低调表达方式，公司里的美容顾问们总是会收到一些来自于顾客的信件，她们会称赞这些美容顾问们礼貌而又训练有素的讲解。因此也会引得更多的顾客对玫琳凯产品的信赖。

有一天，玫琳凯办公室的电话响起，接线员告知她："有一位顾客的丈夫想要和我们的负责人谈一谈！"玫琳凯虽然有些费解，但还是让接线员将这位先生的电话接到了办公室，玫琳凯从来都没听到过哪个男士的声音如此的急切并激动，也许是他害怕玫琳凯挂机，听筒里传来的声音几乎是喊出来的："玫琳凯，我打电话就是为了感谢你挽救了我的婚姻！"

因为根本就不认识这位先生，玫琳凯最开始是茫然的，不过，很快，在她的引导下，这位先生讲述了经过。原来，这位先生和他的妻子已经结婚8年了，第一次相遇，他的妻子就像是杂志封面上的女郎一样，发型精致，衣着得体，迷人的身材，还有一丝不苟的妆容，这些都让这位先生心动不已。接着他的妻子怀孕了，怀孕的过程是痛苦的，因为他的妻子一直在呕吐而且没有食欲，所以也就没有那些精力来收拾自己的外表了，等到生完孩子之后，她才开始注意自己的外貌；然而第二个孩子出生后，这样的情况又出现了。

每天，他出门的时候，看着自己的妻子没有梳洗打扮，一个孩子拽着她脏兮兮的围裙，另一个孩子在她的怀里大哭大叫，这让这位先生的心情十分糟糕。当他晚上下班的时候，一切都还是老样子，或者变得更糟。这样的场景让这位先生开始失望，甚至慢慢对婚姻产生了绝望。

两个月后，一个很偶然的机会，妻子去参加了一次玫琳凯的美容课程，并且花了28美元买了一份化妆品。28美元，对于当时任何一个家庭来说，都已经是不小的一笔钱了，妻子害怕受到丈夫的责备，于是回到家的第一件事，就是拿起那份化妆品仔细地为自己化妆，然后当她看向镜子中自己上妆后的容颜时，她觉得状态好极了，她立刻为自己梳了一个美丽的发型，换上了一身得体的裙装，当她的丈夫回到家中看到她的样子时，一切好像都静止了。丈夫觉得自己的妻子看上去美丽极了，一切都好像回到了两个人初遇的那个美丽的时刻。值得高兴的是，从那以后，妻子每天都会梳妆打扮，再也没有了原来的邋遢模样，并且还减了肥，一切都开始好起来！

这位先生说得如此之快，玫琳凯一直微笑着倾听他的讲述，最后，这位先生说："多亏了你们，让我和妻子重新坠入了爱河！感谢你们让我们的爱情重生！"

玫琳凯一直都没有机会去问这位美容顾问是谁，不过，等她接完电话之后，她立刻召集大家去了会议室，她对大家讲述了这个故事，并且说："我知道你们中的任何一位都可以做出这么了不起的事情，因为我相信你们都会用自己的热忱去创造奇迹！"

这个故事一直被当成玫琳凯公司的一个经典案例，因为很少有男士会愿意花时间将自己妻子的故事讲述给一家公司，而且这也很好地证明了玫琳凯的热忱可以感染到那些顾客们的丈夫们，这是很难得的！

作为公司的领导人，玫琳凯每年都要和自己的员工们举行一个隆重的派对，一来是对员工们一年辛勤工作的总结，再就是为了和员工们有一些亲密的深入接触和了解。在这样的聚会中，玫琳凯必须站几个小时来与那些来自世界各地的优秀员工们握手致意，时间长了，肯定会有疲惫之感，但是每当这个时候，玫琳凯就会想起曾经的一些往事。那还是梦想公司成立之前的事情了，有一次，玫琳凯去听一个销售方面的演讲，演讲者情绪激昂地演讲完之后，玫琳凯和许多观众一起排起了长队等待着和这位演讲者握手，当长长的队伍终于轮到玫琳凯和演讲者握手时，这位演讲者早就没有了在台上的激情，他甚至都没有看玫琳凯一眼，只是看了看队伍还有多长，他的手甚至都没有握到玫琳凯的手，就换成了下一个。这让玫琳凯觉得十分委屈，她知道这位演讲者是由于劳累所致，但是她觉得自己的热情被这样一个动作消磨殆尽了，于是她暗暗发誓，如果有一天，有人排起长队来和她握手，那么她一定会用最亲切的微笑来面对每一个人，因为这是对他人的尊重，也是对自己的尊重。如今，玫琳凯真地站在了镁光灯下，实现了这个愿望，她一定是精神百倍，尽可能说一些亲切的话语，或者是简短闲谈，比如"我觉得你今天的发型棒极了"之类的，在握手的同时，直视对方，那就是她最重要的人。

每一位美容顾问在来到总部接受培训的时候，都会有着不同的精神熏陶，培训时间是一周，在这段时间里，每个人都会互相了解，和公司的管理层合影，甚至她们还可以在玫琳凯的粉红色浴室拍照留念，这是公司内部的被认定为好运的一种象征，每个人都十分珍惜这样的机会。她们还可以分享着自己制作食物的心得，培训不仅仅是提升她们的业务能力，更是让她们充分地去享受生活带给她们的乐趣。

这就是玫琳凯发现的黄金法则，在公司里，每个人都有着独特的闪光点，每个人都可以从其他人身上学到更多优秀的品质，玫琳凯的热忱是公司员工们共同的热忱，她们自己又会根据这样的热忱来生发出更多奇迹。数百万的美容顾问们，因为这样的黄金法则，与自己的顾客建立起一种稳固而积极的关系，这也是玫琳凯长期繁荣发展的黄金法则！

4. 大黄蜂别针

回忆起曾经，每个人都会有这样或那样的记忆，这些记忆就像是商店出售的那些有着美丽颜色的糖果一样，有着不同的味道；也像是珠蚌里大小各异的珍珠一样，有着五彩缤纷的彩虹色。回忆很珍贵，因为只要是过了今天，所有的一切都会变成昨天的回忆，时间不断向前，我们再也不能停下来去寻找曾经。

玫琳凯的曾经也是她最为宝贵的财富，因为曾经的工作，她积累了太多的销售经验，因为曾经的生活，她知晓了太多关于人生的感悟，尤其是在与自己的第一任丈夫离婚之后，她有很长一段时间都十分消沉，她觉得自己的人生十分失败，无论是作为一个妻子还是作为一个女人，这样的情况下，让她的健康状况也开始下滑，医生诊断之后确定是风湿性关节炎，医生还告诉玫琳凯，如果病情不能得到有效控制，那么几个月之后玫琳凯将会完全瘫痪。

一想到躺在病床上的母亲和三个幼小的孩子，玫琳凯就知道自己肩上的责任让她不能垮下去！于是，她开始面带微笑地去面对工作和生活，渐渐地，她发现，如果一直保持微笑的面容，那么笑容就会长存，这也可以成就真的自己，于是，玫琳凯就一直面带着微笑去处理自己遇到的各种问题，她用微笑去接受烦恼，也用微笑去接受成功，最后，她还用微笑收获了自己的另一段爱情，梅尔就是上天赐予她的礼物。

与梅尔在一起的那段时间，总是让玫琳凯回味无穷，因为梅尔，她体会到了生活中更多的乐趣，而梅尔也总是给予玫琳凯更多精神上的支持，这就是家人的关怀，这让玫琳凯想到了一个更好的鼓励政策，像家人一样给予员工们贴心的关怀和激励。就像母亲常常对玫琳凯所说的那样："你能做到！"

如果你来到玫琳凯总部的大楼内，当你看见某位女性佩戴着一枚精致的大黄蜂形状的钻石别针，可以肯定的是，她就是最优秀的员工之一，而这枚别致的别针就是一种象征。

梅尔曾经送给玫琳凯一只大黄蜂形状的钻石胸针，玫琳凯十分喜欢，当她佩戴着这枚别针去工作的时候，同事都赞不绝口，身边的人看到的是大黄蜂别针的美丽，而玫琳凯却从中看到了一种新的鼓励意味，因为这枚别针如此受欢迎，玫琳凯就将它作为一份奖品在一年一度的年会上颁发给每年表现杰出的员工，长久以来，大黄蜂别针成了玫琳凯公司的精英的首要象征。

为什么选定大黄蜂别针作为荣誉的象征？玫琳凯觉得：大黄蜂是黄蜂的一种，但是体型比较大，早先根据空气动力工程师的研究表明，这种生物因为两只翅膀非常薄非常纤细，而其体积又过于庞大，它们原本是不会飞起来的，但是这些小生灵们是不知道这件事情的，于是它们一个劲儿地振翅学习飞行，勇往直前，也许是上帝在冥冥之中对大黄蜂们说："你能做到！"于是，大黄蜂们就真的飞起来了！

这个故事有着很好的励志意味，也许我们每一个人都曾经因为自己的能力不足或者经验欠缺而被机会拒之门外，只有战胜这些挫败而奋勇向前的人们，才会最终攀上高峰，改写自己的命运。

玫琳凯公司一直都是以特有的奖励而闻名世界的，除了这枚大黄蜂别针，还有很多的奖品都是奖励给那些勤奋员工的，比如汽车、毛皮衣服、梦幻旅行等等，最初并没有这些华丽的奖品，这一切都是始于"金杯俱乐部"，当时，玫琳凯的想法很简单，如果一名美容顾问能够在一个月内做到1000美元的业务，那么她就会得到一只镀金的高脚杯，如果有人可以积累到一套12只的镀金高脚杯，就可以获得一个与酒杯相配套的托盘；等到积累到20只酒杯之后，就会得到一只漂亮的水瓶。用不了多久，她就会拥有一整套漂亮的餐具了。

当玫琳凯将这个"金杯俱乐部"的想法告诉理查后，理查对此表示了很大的疑问，他说："我们最出色的销售员工一周的销售额也只是150美元，而你却希望她们要在一个月内做到1000美元，你觉得她们真的会为了一只杯子而去努力工作吗？"

然而玫琳凯坚定地说："我认为她们一定会做到的，这个俱乐部的存在是为了见证每一个人的辛勤努力工作的，而且这也是独一无二的，她们为了那只金杯而努力，就是为了得到这样的一种认可，一种对她们工作能力的认可！"

玫琳凯试图用这样的激励制度来让每个人都有获胜的机会，这与那些只设立一、二、三等奖的竞赛不同，但也更能激励人们的斗志。如今，玫琳凯公司已经让玫琳凯的梦想成真，她希望能够帮助到更多的人来梦想成真。

第五章 稳中求胜的发展

1. 扎根中国

梦想是什么？梦想不是盲从，不是激进，不是心血来潮的一时冲动，梦想就是安安稳稳地去追求的一种精神，只要我们心存梦想，总有一天我们就会因为梦想而成功。没有人有资格嘲笑你的梦想，除非是你自己放弃了你的梦想。

初识玫琳凯，似乎没有人不被玫琳凯公司的口号"我们是一家专注于女性的公司"和热情洋溢的情绪所震撼，这样一个女性企业里，除了吸引眼球的标语外，还有更多的实际东西来支持90万销售团队的向心力。这就是玫琳凯一直提倡的梦想之光。

想要实现理想，想要实现成功，没有计划是不行的，玫琳凯将自己的梦想公司从一家名不见经传的小公司发展成为知名品牌的过程，就是一点点根据计划来实现的，公司开张伊始，玫琳凯就将自己总结出来的黄金法则运用得十分得当，比如用"你怎样去对待别人，别人就怎样对待你"作为公司的指导哲学和理念；用"你能做到"的精神来激励女性朋友们加入到自己的事业中来，随着她的理念越来越适应社会经济的快速发展，跟随她的90万美容顾问的身影也迅速遍布了全世界。走遍全世界的目标也是经过了很多的挫折才最终实现的，其中，被许多跨国公司看好的中国市场就是一个典型的例子。

20世纪60年代后的美国，因为经济的迅速崛起，催生了更多资本主义的产物，这其中，跨国公司就是一例，在六七十年代，资本主义从自由的竞争开始向垄断主义过渡，因为大量过剩的资本形成了资本国际流动的动力和源泉，于是，一些发达的资本主义国家的大型企业开始向海外投资，开始了跨国经营。起初，这样的经营模式还没有具体的名词释义，直到70年代初，联合国经济及社会理事组成了一个考察小组，在考察了多家跨国公司的企业理念和准则之后，才做出决议，将这样的模式统一称为跨国公司，跨国公司也被称为是多国公司或者国际公司。

想要决胜全球，就先逐鹿中国，这是玫琳凯在制定政府全球的计划中非常重要的一步，中国是世界上最有潜力，也是最大的发展市场，因为其众多的人口和地大物博的辽阔幅员让每一家跨国公司都在摩拳擦掌地要开发市场。

在进军中国市场之前，玫琳凯公司也对此作了一番详细的考察，在诸多的数据面前，公司的管理层决定开发这块十分具有魔力的市场。1995年，玫琳凯在中国建立了他们海外第一家工厂杭州玫琳凯化妆品生产厂，为其注入了高达两千万美元的投资额，配备了最先进的生产设备。在1996年的时候，玫琳凯公司在中国的分公司正式在上海开业。

进入中国之后，玫琳凯公司迅速以其高品质的产品和有效地护肤方式、周到贴心的售后服务，赢得了消费者们的青睐和推崇，玫琳凯公司还以强烈的社会责任感和严格的自我管理系统赢得了国内工商业界和各级政府部门的好评，这也奠定了玫琳凯公司在中国的基础，为扎根中国打下了良好的根基。

在随处可见的商业广告充斥眼球的时代背景下，许许多多的商品通过各种各样的传媒渠道蜂拥而至，消费者因为这么多的选择而迷茫困惑。就拿化妆品来说，许多商家都用美女来为美丽打上标签，那些知名的化妆品厂家更是不惜重金请来大牌明星为自己的产品宣传造势。花花绿绿的广告铺天盖地，效果如何不得而知，但是，化妆产品的价格却水涨船高，很多消费者都知道，价格中很大一部分都被抽取作为了广告宣传的费用。

玫琳凯公司始终另辟蹊径，不用这样花哨的宣传手段，始终用自己开创出来的销售方式——直销，这与玫琳凯公司始终坚持如一的"丰富女性人生"的口号相同，这在媒体信息爆炸的时代是十分不易的，但是，玫琳凯公司正是因为这样的销售方式在中国市场创造了更多的奇迹。

将"为消费者提供优质化妆品"作为经营准则，用先进的科技研制化妆产品，确保消费者们的满意度，这三点已经足够使玫琳凯成为全球最畅销的护肤彩妆品牌的了。

亚洲人的肤质与欧洲人有所不同，在中国，通过深入了解消费者心理和肤质状态，玫琳凯公司的研发人员专门为中国的消费者研究出了适合亚洲人肤质的产品，并且公司还表明了授权经销商都要以为消费者提供完善的售后服务为重任，在这个基础上，公司制定并且公布了《玫琳凯满意保证》。也就是说，如果消费者们对购买到的产品有任何的不满意，在规定时间内都可以凭购买产品时的收据来向公司要求调换其他等值的产品或者退还全部金额。

1998年，玫琳凯公司成了第一家得到国家对外贸易经济合作部、国家工商行政管理总局和国家国内贸易局等有关政府部门批准的采用雇佣推销员经营产品的销售模式的专业化妆品公司，事实证明，直销这种经营模式在中国完全具有合法性和可持续性。

随着玫琳凯品牌的推广，越来越多的女性加入到玫琳凯的中国市场来，这就像是一块梦想磁铁，吸引着更多的有梦想的女性来这里追求自己的人生。

比如在中国的南宁，玫琳凯分公司销售中心刚刚在2001年10月成立，短短两年之内，销售额就从10多万元增长到80多万，美容顾问也从最初的30人增长到200多人，如此迅速的发展也让广西南宁玫琳凯分公司成了2003年度最受消费者信赖的经销商之一。为了嘉奖玫琳凯在中国这几年中取得的辉煌成就和杰出贡献，玫琳凯的达拉斯总部还特地向中国地区的分公司赠送了一尊蟠龙形象的雕塑以示表彰。

坚持独有的服务方式，让玫琳凯公司在短时间内赢得了更多的市场，现今，玫琳凯公司已经遍布中国20多个城市，向国家缴纳税款两亿多元人民币，而这一切都还远远不够，对中国市场满怀信心和热忱的玫琳凯还进一步计划将玫琳凯中国公司及其工厂都建设成玫琳凯亚太地区的生产和销售的中心。

玫琳凯公司一直都秉承着梦想和热忱的目标，它承诺给广大女性的是"一个比化妆更美丽的改变、一个比成功更精彩的创造、一个比自信更丰富的提升"，这也帮助了更多的女性致力于形象和个人发展，让更多的女性实现了自我。

在玫琳凯公司，每一个人都可以创造出属于自己人生的奇迹，一位父亲曾经致电玫琳凯公司，他向玫琳凯公司的员工们讲述了自己女儿参加了玫琳凯公司之后的改变："我的女儿以前很没有进取心，每天都是无所事事地混日子，但是，自从进入玫琳凯之后，她好像是变了一个人一样，她有了责任心和事业心，她有出息了！"

这样的例子每天都会发生，其实，玫琳凯已经成了一种象征，一种梦想的象征，无论谁加入进来，终究会在这里找到属于自己的人生目标，从而自信、乐观、积极地生活！

2. 从顶端到低谷

一个人只要有了信心，就可以让自己的梦想展开翅膀飞得更远更高，这才是梦想带来的无尽快乐。真正快乐的人是活得新鲜、永远都看不到彩虹末端的人，一个梦想实现了，又会有另一个梦想诞生。接连不断的梦想，才能让人体会到满足的愉悦。

虽然梦想给人希望，给人阳光，但是，没有谁的梦想可以一帆风顺，就像是一天或一年的时间，我们必须先接受黎明前的黑暗，才能迎来崭新的日出；我们必须走过寒冷的冬天，才能直面春天繁花盛开的美景。

玫琳凯化妆品公司在向亚洲进军的途中，也并不是一直畅通无阻，其间，也犹如那一段长长的过山车轨道一样，人们从高处被抛到低处，瞬间的坠落，让人觉得时间仿佛一下子就静止了，也许坠落的时刻只是短短的几秒钟，但那种感觉却会令人终生难忘。

1997年，玫琳凯（中国）化妆品有限公司诞生了第一位首席督导，而现任玫琳凯（中国）化妆品有限公司的总裁麦予甫也是在这个时候加入公司的。麦予甫在美国留学过，也在美国一家著名的化工企业——美国庄臣公司从事过研发工作。几年之后，他被公司派遣回中国做一些技术研发，在工作中，麦予甫感觉到了自己的同胞对于技术的渴望，他希望为自己的祖国做一些什么。正在这时，玫琳凯化妆品公司来到了中国，他发现这家公司的文化理念与自己的追求是一致的，于是他就来到了玫琳凯公司，从此后，玫琳凯（中国）化妆品有限公司就在麦予甫的掌舵下，蓬勃地发展起来。

在这样一个以女性为主体的公司里，麦予甫在以后的日常工作中发现了一些问题：男性在工作的时候，会比较理性，他们会经常性地掩饰自己的想法，但是女性更感性一些，她们更需要经常去倾诉，需要鼓励、需要支持。对待女性员工是需要特别的方式的，要注意与她们的沟通，尊重她们表达自己的想法。

麦予甫知道自己要改变一下从前的管理方式，从女性的角度出发，而改变了思维之后的麦予甫，不仅在管理工作上更加得心应手，一切都好像在往好的一面发展，但是，世界上的一些事情，有时就会像是天气一样，谁也无法预料天气是怎么样变化的，刚刚还是风和日丽，转眼间也许就会倾盆大雨。

20世纪70年代末，中国实行了改革开放，中国人也开始寻找着致富的途径。由于当时市场经济处在刚刚开始发展的阶段，市场管理的相关法律法规也不够完善，与美国完善的直销行业不同，对于中国的市场经济来说，"直销"还是一个新鲜的名词，这种合理的创业模式有着投资小风险低的优点，但也正是这样的优点，被一些幻想着不劳而获的人开始别有用心地利用，虚假宣传诱骗民众参与传销。

传销是指组织者或者经营者发展人员，通过对被发展人员以其直接或者间接发展的人员数量或者销售业绩为依据，计算和给付报酬，或者要求被发展人员以交纳一定费用为条件取得加入资格等方式牟取非法利益。

1993年开始，传销活动开始猖獗。这一扰乱社会安定的行为几乎遍布了全国的大中城市，麦予甫回忆起那时的场景不胜唏嘘："一场暴富的梦想笼罩着中国大地，在大街上，在汽车里，在办公室里，在家里，在一切有人活动的场所，传销像幽灵一样徘徊着，真真假假，泥沙俱下。"

由于当时缺乏对直销业的认识和了解，人们无法区分出直销和传销的区别。一年的时间里，中国的传销公司已经达到了200家，截至1997年，中国参与传销的人员多达1000万，整个直销市场被不法分子搅得乌烟瘴气，经济秩序受到了严重的干扰。

为了打击这猖獗的传销活动，早在1994年，国家工商行政管理总局便先后发出了《关于制止多层传销活动违法行为的通告》（233号文）和《关于查处多层次传销活动中违法行为的通知》（240号文），但是由于种种原因，这两项通知并没有得到真正的落实，所以传销活动才会日益猖獗。一时间，"传销"和"直销"变成了欺诈的代名词，如过街老鼠一般，人人喊打。

1998年1月，国务院召开了专门的会议研究传销问题，参加会议的有国家计委、公安部、工商行政管理局等数十家单位，对于传销行为，做出了坚决打击到底的决定，国家工商行政管理局公平交易局局长表示："对国家，传销祸国殃民；对百姓，传销使其家破人亡！"

1998年4月21日，春暖花开的日子，但是对于玫琳凯（中国）化妆品有限公司来说，却像是寒冬一般。为了整顿市场秩序，保护消费者的合法权益，国务院在这一天颁布了《关于禁止传销经营活动的通知》，对于任何形式的传销，包括直销的活动都要全民禁止。作为直销业的龙头，玫琳凯（中国）化妆品有限公司也没有逃过这次因为"老鼠"而搅起来的浑水。

大陆传销禁止令颁发后，玫琳凯（中国）化妆品有限公司所有的经营都被停止了，包括在中国想要建设新厂房的计划。据事后统计，这一次的冲击损失了大约7000万美元，因为仓库里的产品堆积成山，它们在黑暗中慢慢老化、报废。虽然总部有相对的资金和人员支持，但是总的来说，亏损的数额是相当巨大的。

从顶端到低谷，玫琳凯看着自己的公司遇到了前所未有的挫折，但是她并没有对中国的市场失去信心，她始终对其抱着很高的期望和决心，她给予中国的员工们很多的支持，她觉得经历过风雨之后的玫琳凯（中国）化妆品公司一定会更加的有力量。

没有风雨，怎能看见彩虹？人生的低谷不会一直都在，因为人生的那辆过山车在到达最底端的时候，已经积蓄了全部的力量向上腾飞，一直到阳光的最高处，去看看更广阔的天空。

3. 从零开始

从古至今，无数的名人志士都经历了诸多苦难才获得了成功，孟子云："故天将降大任于是（斯）人也，必先苦其心志，劳其筋骨，饿其体肤，空乏其身，行拂乱其所为，所以动心忍性，增益其所不能。"《圣经》中《马太福音》有这样一个比喻：有人领一千金币，有人领两千，有人领五千，每个人都不一样。神要我们尽力使用他所赋予我们的才干，原则就是凡有的还要加给他，叫他有余。

神想要使用一个人，一定会花一段时间来让这个人准备，那些以往的过错、经验、失望、挫折、障碍等等都是必要的，都是为了让一个人更好地承担起更多的责任和荣耀，所以，当一个人或者一家公司正在经历着低谷，别害怕，低谷的休养生息是为了继续走向顶端的力量和速度。

1998年是玫琳凯化妆品公司在风雨中浮沉的一年，低谷中的艰难前进，让公司内的每一位员工产生了更加强烈的责任感和团结心，他们没有因为这样的低谷而气馁，相反，他们觉得这个挫折是为了向人们证明直销传奇的最好例子。他们不再着急，因为他们知道好金子总会发光，能变成蝴蝶的毛虫，一定不会在破茧时分变成丑陋的飞蛾。

同年的6月份，市场经济的冰层被打破，一丝暖意悄悄地包围了众多正规的销售企业。出于对国内一些按照正常投资程序运作的合法多层次的直销公司的考虑，在经过了国家相关部门的严格审查之后，国务院出台了《关于外商投资传销企业转变销售方式有关问题的通知》，当时包括雅芳、玫琳凯等41家直销企业都被批准为合法的企业，但是，这些企业还需要转型，那就是要"外商投资企业必须转为店铺经营"，而且这些企业的产品必须在国内生产才能继续在国内销售。转型方案就是直销和传销的分水岭。

其实，这样的规定是由于中国特殊的国情，以前，只要是没有店铺的销售方式都被称为直销，但是因为一些商家利欲熏心，觉得传统的直销方式不足以赚到更多的钱，于是，他们利用直销行业的一些漏洞逐渐走向了非法的道路。

面对这样的要求，玫琳凯化妆品总部立刻表示支持，并且在最短的时间内做出了转型方案。管理者们重新定制了一套适用于中国大陆的方案：雇用推销员也就是美容顾问经营产品的销售模式，也就是店铺和销售人员并存的方式。这个销售模式与以往的直销有很大的差别，以往是公司将库存卖给直销员，直销员再转卖给消费者。如今方式发生了改变，公司聘请推销员，按照工作能力以及每个月的业绩给出薪资以及绩效，而库存风险依旧由公司来承担。也是从这时起，店铺加上雇用推销员的直销经营方式让推销员归属到了店铺，这不仅加强了各个推销员之间的联系，更是方便了公司统一管理，这也成了规范的直销行业的主要销售模式。10月份，玫琳凯（中国）化妆品有限公司转型成功！

转型后的玫琳凯（中国）化妆品有限公司也按照中国政府的规定，重新策划和调整了公司内部的一些规章制度，使之更好地符合中国市场的秩序。

转型之后的玫琳凯（中国）化妆品有限公司几乎是一切从零开始，可以说，这也算是公司在中国的第二次创业了。

因为之前的中国销售市场没有太多的法律法规，所以直销业基本上在中国市场内是一种无秩序的茫然状态，没有人去区分种种销售模式的不同，所以，在中国整顿市场经济之前，传销就是多层次直销的代名词。

2001年，是对于中国人和中国经济市场非常不一般的年份，11月10日，世界贸易组织第四届部长级会议在卡塔尔首都多哈举行，当时用全体协商一致的方式，审议并且通过了中国加入世贸组织的决定，这意味着中国政府即将成为世贸组织的一员。

当大会主席敲下了具有重大意义的一锤，一个历史性的时刻诞生了，中国加入了世贸组织，大会的每一个角落都回响着经久不息的掌声。这掌声传回了中华大地和全世界有着华人足迹的每一处角落。

有人说中国加入到世贸组织，是"第二次改革开放"，这是一次伟大的变革，是中国走向世界的一个意义重大的战略举措，但是，对于在中国的一些直销行业来说，加入世贸组织也是一个喜忧参半的事情。

在加入到世贸组织之前，中国政府做出了一个郑重的承诺——在3年之内开放国内的直销市场。这就意味着以前和那些直销企业签订的必须在国内生产才可以销售的硬性条件已经无用了，而且根据中美之间签订的协议规定，中国将首次向美国的公司提供贸易权和分销权。

在这种情况下，玫琳凯化妆品公司总部并没有撤掉准备在中国投资生产基地的项目，反而又加投了一亿元资金，在杭州建立起第二个工厂，全世界玫琳凯化妆品只有两个工厂，一个在美国，一个在中国。这已经很好地说明了玫琳凯对于中国市场的信心和决心。

从零开始并不可怕，可怕的是不敢坚持下去，不敢对自己的选择有信心，坚持自己的选择，坚持自己的梦想，这不仅仅是一个人坚持下去的动力，更是一个企业迅速发展的基础！

相信自己，哪怕一切从零开始，也要坚定地走下去，因为明天的阳光就等在那里，永远明亮！

4. 苦尽甘来

英国诗人约翰·济慈说过："从某种意义上说，失败是通往成功的大道，因为每一次错误的发现，都会引导我们更认真地寻求真理。"

有些事情真的需要换一个角度来看待，比如，阴雨天气很容易让人心生烦躁，但是换另一个角度来看，雨后清新的空气沁人心脾，就像是一颗醒脑的薄荷糖。

当我们面对失败的时候，我们要想，成功不过是翻了面的失败罢了。而且，从错误中学到的东西，一定比从成功中学到的多很多。就像是玫琳凯一直鼓励着自己员工的那句话一样，只要你想做，就一定能做到！

中国加入世贸组织之后，2004年议定的"将同WTO成员磋商并按照服务贸易减让表中的承诺，制定有关直销的法规"，由于种种的原因，直到2005年才真正落实，好事多磨，也说明这一段"直销风波"让公司的管理者们知道，因为中国严格的规章制度，让直销的道路走得更加严谨，规范化直销行业的道路也一定会更加任重而道远。

不过，经历低谷之后，玫琳凯（中国）化妆品有限公司开始了新一轮的奋斗，而且这种努力和决心也有了初步的成效：

2001年，玫琳凯（中国）化妆品有限公司通过了ISO9001：2000年质量管理及质量保证体系的认证；2003年玫琳凯（中国）化妆品有限公司荣获"2003年度全国化妆品行业经济效益十佳企业"第一名，并被《财富（中文）》杂志评选为"卓越雇主——中国最适宜工作的十家公司"之一。

在中国十几年的辛勤耕耘，让玫琳凯这个品牌有着广大的消费群体并赢得了工商业界的尊重。玫琳凯（中国）化妆品有限公司在中国杭州的工厂内专门建设了一座全新的化妆品生产、技术支持和物流配送中心。新工厂的建立年产能超过1亿件，产品生产线可以扩充到18条，员工规模会达到上千人。对于这样的建设，麦予甫说："目前部分产品的产能已经跟不上市场的需求，公司正在积极用内部挖潜的方式来提高产能，包括增加生产设备，实行两班制，但更大的问题在于物流等配套设施已经没有场地可以利用，严重制约了发展。"

从1995年进入中国到2001年与中国一起迎接加入世贸组织，玫琳凯（中国）化妆品有限公司一直坚持着可持续发展的长远目标，在中国还没有颁布相关的直销法案之前，玫琳凯（中国）化妆品有限公司一直都根据中国市场的特点，积极地改变自身的各种规章制度，以便接受各种各样的考察。另外，玫琳凯（中国）化妆品有限公司还计划在这个基础上将中国的工厂和分公司变成玫琳凯化妆品公司在亚太地区的生产中心，从而变成一个资源整合者，充分发挥各地的优势。争取让中国地区的玫琳凯公司和进入中国的其他化妆品公司实现双赢的局面。

2005年9月，《直销管理条例》和《禁止传销条例》获得了通过，12月1日，条例开始正式实行。这两项条例是从法律法规的角度对于直销销售员的上岗资格、佣金比例和退换货制度等多方面都进行了标准化的说明，也严格界定了国家认可的直销行业和以欺诈骗取钱财为手段的传销之间的界限。玫琳凯（中国）化妆品有限公司对于这两项法律法规都十分支持。

在中国市场十几年风风雨雨的前行，让公司觉得相关的法律法规颁布，对于直销行业、经济主管部门以及社会公众都具有十分重要的意义，首先，直销立法可以帮助合法的直销企业清理市场上鱼龙混杂的局面，为经营者提供了一个规范的商业环境，保护直销，铲除传销，能够为直销企业带来更多的机遇和挑战；另外，对于社会大众而言，能够明确地区分出直销和传销，为自己买到放心而有质量保证的产品保驾护航。

玫琳凯（中国）化妆品有限公司的总裁麦予甫对于两项立法表示积极响应："我们欢迎国家出台有关直销行业的法律法规，并会在今后的企业经营实践中继续依法经营，根据本次颁布实施的《直销管理条例》，在国家主管部门的指导下，公司有信心依照法规要求，准备相关资料，配合各级政府做好相应调整，顺利地完成申请直销许可证的工作，并依照有关的法规规范开展公司的直销业务。此次国家对于直销行业相关条例的出台对企业来讲意味着更积极的发展前景，我们相信：依靠政府的监管和直销企业的自律，中国将建立一个积极健康的直销市场。"

其实，直销行业的特殊性，决定了公司对于直销员们的管理需要一支富有经验的员工队伍，也就是说，无论是谁，想要在玫琳凯化妆品公司做出一番事业，就必须从公司最基层的美容顾问做起。而后，公司再选拔出业务水平高的人，将其聘用为公司的正式员工，这样就会将玫琳凯公司的队伍变得更加的充实。

有了好的发展势头，更多的工作筹划开始如雨后春笋般，欣欣向荣。

不久，玫琳凯（中国）化妆品有限公司获得了"2006.12-2009.12 产品质量国家免检"证书，连续两年获得"年度最佳化妆品"大奖，多次荣获"全国化工行业经济效益十佳企业"、"中国化工行业500大企业"、"中国轻工业500强企业"等殊荣。

这些荣誉为过去的玫琳凯（中国）化妆品有限公司做了一个很好的见证，在中国地区的总裁麦予甫看来，这十几年从无到有的发展，是他亲自带领着公司的团队一起奋斗、努力得来的，他相信自己还可以做得更好，还可以带领着团队走向更远的辉煌。

在各种经济研究中，早有人指出，21世纪最有前途的行业，很可能就是直销行业。可以说，未来社会的财富在于直销。与传统的销售方式相比，直销有一个显而易见的特点，那就是消费者们花费了最少的钱买到了最好的产品。另外有一些数据表明，化妆品是除了粮食之外第二大消耗品，因为经济不景气的时候，人们会停止购买汽车、房屋和那些奢侈品。但是，女人们不会停止购买口红，她们需要时时刻刻用化妆品来增添自己的自信心。

一系列的发展变化说明了玫琳凯化妆品公司未来发展的美好前景，但是，事物的两面性决定了它要面临的竞争一定会更加激烈。玫琳凯（中国）化妆品有限公司的总裁麦予甫对此一直保持乐观："我们的目标是，在中国的每一个角落都能够找到玫琳凯的产品，每一个时刻都可以为消费者服务，玫琳凯（中国）化妆品有限公司的愿景就是时时处处令女性更精彩！"

坚持自己的选择，坚持那些美好的愿景，从低谷中走出来的玫琳凯（中国）化妆品有限公司，正在通过自己不懈的努力，为中国直销市场的理性成长贡献着自己的力量，努力实现与中国广大的消费者群体共赢的局面。

第六章 一个成功的领导者

1. "P"和"L"

作为一个领导者，最应该关心的是什么？

有人总结出来是"P"和"L"：P就是"profit"，而L是指"loss"，这两个字母代表的意义为"利润"和"亏损"，几乎每一个领导者在领导自己团队奋斗的时候，最为关心的就是这两个单词，但是，在玫琳凯看来，她虽然也注重"P"和"L"，但是，这两个字母对于她来说却代表着另外两个单词，那就是"pelple"和"love"，人和爱。

玫琳凯公司的员工来自于社会的各个阶层，她们有的是下岗工人，有的是医生、护士、工程师、秘书、公司的职员，还有人是大学教师、律师等等，这些人并没有经过特定的选拔，她们只有一个共同点，那就是对于梦想的执着和对人生价值体现的渴望，无论她们来自于哪里，她们都可以通过玫琳凯公司打造一片属于自己的天空，尽享个人所获得的成就。

有很多女性因为听到"你能做到"这句话就极想加入到公司中来，无论她们之前的生活是怎样的，她们在面对什么样的工作，来到玫琳凯公司，就是为了建立起她们的自尊心和价值观。

虽然每个人都被告知："你能做到"，但是，她们绝不能仅仅停留在这一步，个人价值的体现是玫琳凯追求的最完美的工作意义，她秉承了丰富女性人生的使命，她用自己独到的方式去制定了一种企业的文化，她承诺给广大女性"一个比化妆更美丽的改变"，为了实现这样的一个诺言，玫琳凯公司一直为公司内部的每一位美容顾问提供不同层次的培训，事实证明，效果显著，这些优秀的销售者们从一个普普通通的女性成长为一个美丽、自信、自强的独立职业女性，她们都是玫琳凯的财富，也是整个社会的财富。

不过玫琳凯并不认为这些女性朋友们的成功全部归功于公司，她对此有着这样的想法：

"很多员工都是因为自己的刻苦与努力，才从一个懵懂的、缺乏经验的美容顾问，成长为专业的高级销售专家。在这个过程中，公司提供的培训固然重要，但是个人潜质与后天努力显然才是更关键的……"

"你能做到"的精神让每一个人都受益，常常会有这样的情形，某位女士刚刚进入到公司的时候，像是一颗小而羞涩的玫瑰花苞，花瓣紧紧包裹着她，充满潜力但不能充分展现，经过几个月的培训与鼓励，她们就能盛放成最美丽的玫瑰，沉着而自信地去面对工作和生活中的各种问题。

在一次年度大会上，一位优秀销售员在演讲时说道："我刚来玫琳凯上班的时候，很害怕面对6个人以上说话，也不知道怎样去完成一次又一次的皮肤护理课！"但是，可想而知，这位女士在说这番话的时候是面对着8000多人，并且她是面带微笑自信地说出来的。

自信可以创造出很多的奇迹，自信的人总是可以赢得更多的机遇；玫琳凯还想用爱去感受这个世界的美妙，用爱去鼓励女性们发掘自己内心的潜能，就像是泰瑞莎修女所说的那样：随处散播你的爱心，就从对你的家人开始，多一分关爱给你的孩子，你的另一半，然后你的邻居……让每个接近你的人都有如沐春风的感觉。给别人一个关怀的眼神，一个灿烂的微笑，一个温暖的拥抱，为上帝的仁慈做见证。

关于"love"的力量，玫琳凯曾经听到过这样一个故事：在美国，曾经有位社会学系的大学教授，有一天他给学生们布置了这样一个作业：让学生们去巴尔的摩的贫民窟去调查200名男孩的成长环境和生活背景，在调查结果的基础上，对这些男孩们的未来发展逐一做出一个预测和评估。在所有学生做完这项作业并交上调查报告之后，教授发现，每一位学生对自己的调查对象的评价都是："他毫无发展的机会！"

25年之后，另一位教授在资料库里发现了这项调查，于是他带领自己的学生们去做后续的调查，看看昔日贫民窟里的孩子们如今是什么状况。结果，在他们调查之后发现，除了那搬离贫民窟和过世的20名男孩之外，剩下的180人中，有176人都是成功者，其中不乏一些律师、医生、商人等等。

这个结果是让人很惊讶的，于是这位教授想要更深入地调查一下儿这种现象产生的原因，他仔细地访问了一些当年接受评估的人，并且都会询问他们这样一个问题："能让你变成今天这个样子的最重要的原因是什么？"这些人的答案竟然出奇地一致："因为我遇到了一位好老师！"

教授得知这位老师仍然健在，虽然她已经上了年纪，但是仍然意识清醒，耳聪目明，教授登门拜访这位老师，谦虚地询问这位老师到底有何良方让这些贫民窟的孩子们长大后可以出人头地。这位已经是老婆婆的老师仍然笑意盈盈地看着这位教授，和蔼地说："其实没什么，我只是爱这些孩子！"

爱可以产生奇迹，爱可以改变人的一生，玫琳凯因为这个故事而感慨，爱的力量很伟大，爱的范围也很宽广，只要是有人情味的表达，都可以看成是爱的标志。

玫琳凯会对自己遇见的每一个员工都致以一句亲切的问候，她觉得这是必要的，而不是因为陌生而尴尬。有的时候，会有一位员工见到玫琳凯说："玫琳凯你还记得我吗？你还记得我们在某一个地方相见吗？那时我还是一个新人，而你对我说，终有一天，你会到我们的总部大楼中去！"

其实，玫琳凯不可能把每一个遇见的或者鼓励过的人都记住，但是她就是喜欢这种感觉，因为她知道自己曾经说的某一句话肯定对这个人有着不一样的意义和触动。

2. 粉红色的梦想

如果要为你的梦想选择一个颜色，你会用哪一种颜色来代表它？

在1963年的美国，几乎每一个家庭中都有白色的浴室，就像是现在，人们都喜欢将自己日常所需的瓶瓶罐罐的用品都放在浴室里，比如家庭装的沐浴露、洗发水，还有女性们青睐的化妆品等等，这些瓶装的产品在当时都有一个共同的特点，那就是在标签设计上下了很大的功夫，都被设计成了鲜亮大胆的颜色，但是玫琳凯对于这样的设计方式觉得有些莫名其妙，她将注意力放到了产品的包装瓶上，她希望这些化妆品的瓶子很有吸引力，每一个使用它们的人都会把它们当成摆设——即使是在产品都被用没了的情况下。

通过很多的实验和对比，最终玫琳凯选定了和那些白色瓷砖颜色相配最漂亮的粉红色，尽管玫琳凯并不是最喜欢粉红色的，但是她不得不承认这种颜色放在浴室里，显得最为柔和也最为优雅，并且，最重要的，粉红色的化妆瓶与白色瓷砖搭配在一起，有一种梦幻的美感。

自从这些产品都披上了粉红色的"外衣"之后，玫琳凯公司就被定义为粉红色的形象，只要提起粉红色，几乎每一个人都会想到玫琳凯。而且自从1963年以来，玫琳凯化妆品公司的全体员工都赢得了"粉红色的声誉"，粉红色已经变成了玫琳凯产品的一种象征，每一位员工都爱上了粉红色。

玫琳凯公司的一位高级营销人员，迪克·巴雷特准备为哈佛大学商学院的学生们做一次演讲。当他走进教室的时候，看到全体学生都穿着粉红色，这让他觉得惊讶的同时也十分感慨，因为粉红色已经成为玫琳凯的经典。

随着玫琳凯公司的知名度逐渐上升，公司上下的每一位员工都对粉红色保持着一种积极的热爱，而且他们都希望玫琳凯也能够像他们一样去热爱粉红色：在粉红色的办公室里工作、在粉红色的房屋里居住、开着粉红色的车，甚至她们希望玫琳凯能够穿粉红色的衣服。玫琳凯一直都为员工们这种粉红色的精神所感染，但是，她自己却一直在抵制着粉红色的"压力"，因为有太多的人告诉玫琳凯，希望她用粉红色。但是玫琳凯是一个别人告诉她做点什么，她就会有点固执的人，她一直认为，在蓝色和黄色的氛围中会让自己感觉到舒服，并且她也只喜欢黑色的套装，庄重又得体！这是她所认为的合适的颜色。

但是粉红色依然还是保持着对玫琳凯的影响，粉红色所代表的热忱、梦想、信心、愉悦、成功等等在内的良好感觉，都和梦想公司的美好记忆联系在一起。这让玫琳凯越来越觉得粉红色是一种幸运的颜色，也是让玫琳凯突然又灵机一动的颜色：把粉红色涂在凯迪拉克的车身上，把这样的奖品表彰给公司里最出色的业务督导。

当时，卡迪拉克在美国是一种荣誉的象征，如果一辆卡迪拉克停在十字路口，人们都会礼貌地让行；而粉红色最能代表玫琳凯公司的梦想，玫琳凯希望这辆代表着无上荣光的汽车，披着一身纯正的粉红色出现在街头的时候，人们都会为之而关注和倾倒！玫琳凯马上就将这个想法付诸行动，奖励汽车的消息像一颗重磅炸弹，惊讶和喜悦的情绪迅速传遍到公司的每一个角落，每一位员工似乎都不敢相信自己的耳朵，直到玫琳凯微笑着召集大家，并且正式宣布这个消息的时候，员工们都为之雀跃欢呼。

梦想虽然可以激励人们向前奋斗，但是奖励更像是奋斗道路上的一颗颗美丽的糖果，每个尝到幸福滋味的人都会为之而更加努力，汽车奖励已经成为玫琳凯公司的奖励核心了，并且玫琳凯和领导团队还为此而设计出了另外两种超过卡迪拉克汽车的奖励：业务督导可以获得一辆粉红色的Pontiac Grand Prix，业务督导和表现优异的美容顾问可获得一辆红色的Grand Am。公司每年都会给通用汽车公司数量相当多的订单，这也让汽车公司正式地将玫琳凯公司称为"玫琳凯粉红色"，对于这样的赞誉，每一位玫琳凯的员工都是骄傲的！

"玫琳凯粉红色"成了一种荣耀，似乎提起玫琳凯，人们就会想到那种温暖、愉悦的颜色，于是，一个关于玫琳凯粉红色的魔法就这样悄悄地诞生了，而且它的成长速度是十分惊人的！

玫琳凯开始收到很多粉红色的礼物，比如一位业务督导送给玫琳凯一个粉红色的计算器，它被摆放在了玫琳凯的办公桌前，后来这个可爱的计算器还被复制成好多份，作为一次竞赛的奖品，因为大家都觉得这个计算器非常可爱，而你知道，玫琳凯是个愿意与大家分享的人。陆陆续续，玫琳凯收到了更多的粉红色的礼物，玫琳凯还专门定做了几个大大的陈列架，把这些礼物都放在办公室、接待处或者是自己家里，这些礼物都代表着分享和爱。

喜欢送粉红色礼物的不只是公司里的员工，因为玫琳凯公司每年都会订购大量的各种各样的奖励礼品，无一例外，它们都要被做成粉红色，所以这些生产厂家也记住了这样一家以爱和分享为灵魂的公司，厂商们会不时寄来他们制作出来的特殊样品：粉红色的铅笔、粉红色的信封、粉红色的文具夹、粉红色的用于室内练习的小蹦床……甚至还有一位皮草商人给玫琳凯寄来一件粉红色的貂皮大衣。有的时候，我们本来不知道原来生活充满着如此之多的粉红色，但事实就是，它们确确实实在那里，在我们伸手可及的位置。

粉红色究竟有多么大的力量？一位来自于加利福尼亚州的心理学家对粉红色有着浓厚的兴趣，他在仔细观察并研究之后得出了结论，粉红色有助于过分激动和崇尚暴力的人们保持冷静。这其中有一项研究非常有意思，有一组被作为实验对象的狂躁囚犯在被注射过粉红色细胞之后，三分之二的囚犯会在几分钟之内安静下来。

粉红色的魔法继续保持着它的魅力，而玫琳凯深深地陷入粉红色的追求中，无法自拔。她说："我不清楚这是怎样发生的——究竟是心理学家们研究出来的镇定作用，还是我现在把粉红色与爱相联系这个事实——我终于开始热爱粉红色。毕竟，如果你不能战胜她们，那就只好加入！"

事实证明，她真的将自己完全融入到了粉红色中。

当玫琳凯想要为自已建造一幢新房子的时候，所有的一切都还在计划和设计阶段，几位与玫琳凯交好的业务督导相约来拜访玫琳凯，她们小心翼翼地表达了这样的想法：鉴于每一位优秀的业务督导或者顾客都有可能被邀请到这座房子里做客，而这座房子正是代表着公司形象的最好标志，是否可以将这座房子漆成粉红色呢？

玫琳凯微笑着听完大家的意见，然后斩钉截铁地说："那就这样实施吧！"

玫琳凯果断的态度让大家吃惊。而房子被装修出来后，效果简直是太完美了：28英尺的层高让整幢房子显得十分大气，当然粉红色也让这座建筑物显得温暖而有爱，一个希腊式的游泳池、威尼斯风格的水晶吊灯、一个金黄色的餐厅、一个带有旋转楼梯的客厅，还有一个完全模仿一位已故朋友家的浴室……这套粉红色的别墅，是一个完整的家！

玫琳凯在这个粉红色的魔法里，继续着她的粉红色梦想！

3. 记忆大于记录

人生总要经历一次婚姻，有了婚姻，人生的路才算是完整。婚姻也像是一道分水岭，让人有了不一样的体会和领悟。如果说恋爱时的感情是甜蜜而心动的，那么结婚之后的感情就越来越接近于亲情，很熟悉，让人觉得温暖，成了一家人，也就认同了一辈子的执手相伴，风雨共度。

玫琳凯也从自己的几次婚姻中得到了不同的体会，尤其是丈夫梅尔给了她太多太多的鼓励和支持，这一对夫妻，各自有着各自的工作和事业，梦想公司是玫琳凯的全部，同样的，梅尔也是她最好的伴侣。两个人的爱情见证，就是这一家承载梦想和爱意的公司。梅尔不是一个善于表达的人，但是他给予玫琳凯的爱意是玫琳凯这一生中最美好的记忆。这样的记忆是大于记录的，因为相爱渗透在了每天的生活里，一生长长的路，玫琳凯觉得有梅尔相伴是一件幸福的事。

梅尔有着自己成功的公司，曾经他对于自己妻子的事业仅仅是停留在了解的阶段。玫琳凯在他的眼中，简直就是一个完美的妻子形象，但是，有的时候，由于玫琳凯还要将自己的所有精力分出一部分投入到自己的事业中去，这一点最开始让梅尔很不理解，他希望自己的妻子能够将所有的时间都用来陪伴自己，一起吃早餐，一起出门散步，一起看电视，一起聊一聊当天的工作或者生活琐事……直到有一天，他觉得自己好像一个想要撒娇得到糖果的小孩子一样。梅尔觉得，自己应该去了解妻子的全部生活，而不是一味要求玫琳凯时时刻刻地陪伴自己。

他看到了玫琳凯的努力和希望，当他走进玫琳凯公司的那一刻起，他觉得自己也应该为妻子的梦想公司添砖加瓦了！因为，他被这家梦想公司的热忱和奉献的精神所感染，他也忽然懂得了玫琳凯一直执着于梦想的意义。

玫琳凯发现了一个有趣的现象，当梦想公司逐渐壮大，不知从何时起，梅尔开始越来越多地参与公司的前景规划。

如果说玫琳凯是站在舞台上镁光灯下的梦想领导家，那么梅尔就是站在台后为玫琳凯梦想保驾护航的人，很少有人知道，梅尔为了这家梦想公司默默地解决了很多意想不到的问题。

有一年冬天，玫琳凯带着公司的两千名美容顾问和业务督导在芝加哥举行为期三天的公司会议，当会议进行到第三天的时候，一场出人意料的特大暴风雪降临了这个城市，茫茫的大雪阻断了城市中所有的交通和通讯信号，无论是商铺还是居民住家，人人都在忙碌着清理门前的积雪。人们的力量始终无法和大自然相抗衡，梦想公司的所有员工也因为这一场暴风雪而出现了焦虑——即使大家能走出会议宾馆的房门，道路上的厚厚的积雪也让人寸步难行，所有人都被困在了屋子里。

玫琳凯不得不宣告会议暂时停止，所有的与会者都要重新回到居住的房间内，直到交通恢复大家才能动身回去。随后，玫琳凯又做了相应的安排：由公司出钱让与会者在宾馆餐厅就餐，滞留期内大家还会有临时讨论会。

　　暴雪降临和会议中断的消息，让许多与会的女士都忐忑不安，因为她们没有更多的预算来应付这一场突如其来的暴风雪，虽然公司拿出一部分钱来支付大家的就餐费用，但是住宿费用也是一笔不小的数目，她们已经没有更多的钱来支付了。住在宾馆的大堂里也不切实际。当玫琳凯宣布大家不得不滞留的消息时，这些女士们有些不知所措，随后大厅的气氛有些乱哄哄的，有的人试图打电话给家里，但是这是没有用的，因为通讯信号已经中断了。有的人还因为没有钱而眼泪汪汪，有人不断在宾馆的大厅里徘徊，有人坐在那里唉声叹气，不断地向上帝祈祷。

　　不过这种情况只持续了两个多小时就消失了，"可能是有人适应能力强而刚好又会安慰人吧。"玫琳凯看到每一个与会者沉浸在会议的气氛中，丝毫看不到焦虑的情绪后，她觉得有一些欣慰。

　　之后的会议进行得很顺利，玫琳凯发现大家的情绪都积极乐观了许多。这种稳定的状态让玫琳凯也开心了不少。她还笑着对丈夫梅尔说："一场暴风雪似乎让大家更团结了！"梅尔只是笑笑，继续为妻子收拾回家的行李。

　　等到玫琳凯和丈夫回到达拉斯，突然之间，梅尔开始收到很多装着钱的信封，这些信封的地址显示它们来自许多不同的地方。玫琳凯觉得很惊讶。很自然，有了疑问当然要求得到答案，玫琳凯问梅尔这些信封是怎么回事，而梅尔却只是笑笑："没什么！"回答的时候，梅尔又打开了一封装着支票的信封。

　　很快，玫琳凯就知道这是怎么一回事了。原来在芝加哥的时候，那场暴风雪让很多与会者焦虑，最根本的原因就是她们没有更多的预算，她们在大厅里看着外面的暴风雪，简直都有些绝望了。

也就是在那个时候，玫琳凯的丈夫梅尔在焦躁的人群中来回地穿梭，他早就知道了这些女士们面临的窘境，他没有太多的语言，只是拿着自己的那张无限制酒店信用卡，找到那些没有更多预算来支付住宿费的女士们，把钱借给她们！除了一张信用卡，梅尔没有带任何的东西，这也就意味着这些借贷没有做任何记录，既没有记下名字，也没有记下借出的钱数，他送出去的不只是钱，还有满满的关心和不计回报的帮助。

玫琳凯得知这件事的整个过程，当然是从别人的口中得知的，梅尔是如此谦逊的一个人，他绝对不会去吹嘘自己的慷慨大方！

还有一件令玫琳凯一直难忘的事情就是"星期四的礼物"！因为玫琳凯和梅尔是在一个星期四结婚的，因此，从结婚的那一天开始，星期四便成了这对夫妇的特殊纪念日，以后的每一个星期四，梅尔都会给自己的妻子买一份礼物！

这一份礼物取决于梅尔的心情或者当时的经济状况，有时是鲜花，有时是花生糖，还有可能是钻石！不管怎样，每周的星期四，玫琳凯回到家都会看到茶几上有一份包装精美的礼物以及一张精心挑选的漂亮卡片，卡片上写的是梅尔先生对自己妻子的赞美之词和浓浓的爱意。

其实，除了每周四，梅尔平时也从来不吝啬他对自己妻子的赞美，每天清晨他都会对玫琳凯说："你真美！就犹如维纳斯女神一样让人心动！"

玫琳凯在谈及这件事的时候，还笑着写下这样的话：

"你知道，那不是真的。像许多妇女一样，我上床前经常像伊丽莎白·泰勒，而醒来之后看上去却像查尔斯·戴高乐！"

为了不辜负梅尔的赞美，玫琳凯每天都会在梅尔醒来并戴上眼镜之前，美美地化好妆。

两个人的爱情需要双方的经营，两个人的婚姻需要细节的维护，在玫琳凯的生命记忆中，梅尔带给她的感动和记忆都不仅仅局限于记录在纸上的那些感动，在玫琳凯的梦想之路上，梅尔留给她的记忆大于记录。因为，爱，无时不在。

4. 用来投资的时间

时间是一个好东西，它让人们忘记很多事情，也学到很多的事情；时间让人们学会了珍惜，学会了奋斗，学会了放下，学会了怎样成功。

斯宾塞说："必须记住我们学习的时间是有限的。时间有限，不只由于人生短促，更由于人事纷繁。"

时间是有限的，但是我们将它像海绵一样挤压出来更多的富余，长久地积累下这些时间，你就拥有了一笔可观的财富，这是你用自己的时间投资出来的财富。

玫琳凯也是一样，她的时间观念总是很强，她会努力地详尽安排自己的每一天，这样也就尽可能多地节省时间，她在自己办公室、厨房、汽车、更衣室等很多地方都放上一台录音机，一有空闲的时候她就会选择一些激励人的录音带来听，在倾听的同时，她还会做一些记录；此外，比起和一些朋友们共进午餐，她更愿意在自己的办公室吃一顿简单的午餐，因为她觉得，那些和朋友们或者同事们共进午餐的时间是很漫长的，而且吃了太多食物之后，她就没有了想要工作的欲望，这样是十分浪费时间的。

时间对于每个人都是公平的，没有人一天拥有25小时。不过，在同样的时间内获得不同的收益，却是人与人之间的巨大区别。有人说，三个早晨的时间就等于额外的一天。对于玫琳凯来说，用这个时间来处理工作再合适不过了。如果玫琳凯三个早上都5点起床，一周变成了8天。

这样的发现是很意外也是很惊喜的，后来玫琳凯又发现如果一周有6天早晨都是5点钟起床的话，那么一周对于她来说就有了9天的时间。当然在早起的这一段时间，没有电话也没有人来打扰，可以有充足的时间来思考问题或者处理工作，为此，"5点钟俱乐部"这个想法在玫琳凯的脑海中浮现了出来，她决定成立这样一个俱乐部，并且邀请了一些知道她每天清晨5点起床工作的朋友们！此外，她还将邀请发给了那些勤劳的业务督导们，虽然她知道有一些人已经习惯晚睡，并且晨起这样的习惯并不适合某些人的作息规律！

公司里的很多员工都参与到了这个俱乐部中，这让玫琳凯觉得欣喜而惊奇，因为她在很多人的来信中读到了支持和坚持，这些人加入了"5点钟俱乐部"之后，都觉得很喜欢，他们都觉得在家人起床之前，完成了更多的工作是一种满足。玫琳凯还对自己的员工们建议过：当你起床非常早的时候，也许一开始很难进入工作状态，不妨试着为自己装扮一下，不要认为装扮和穿着得体只是要去办公室工作的女士们需要，对于这些可能只是在家中工作的女性来说，装扮尤其显得重要。要知道，精致的妆容和得体的衣着是可以提高一个人的自信指数的，更何况还是在乎自己容颜的女人们呢！

当你把自己打扮得看上去还不错时，那么你的工作也一定会像你的衣着一样不错！这是玫琳凯发现的定律，任何情况下都是适用的！

玫琳凯不喜欢拖延自己的工作，因此，这也说明，拖延时间是玫琳凯绝对厌恶的事情。

曾经玫琳凯在演讲中举过这样的一个例子：有一个巴比伦商人，他有一匹骆驼。某天夜里，这位商人带着骆驼去做一桩交易，因为路途遥远，他们就在沙漠中搭起一座帐篷，商人在帐篷里面过夜。晚上气温下降，帐篷外的骆驼因为受不了寒冷，就将自己的鼻子伸入帐篷中取暖。过了一会儿，骆驼还是感觉冷，于是它将自己的整个头部都伸入了帐篷中。因为气温还在不断下降，骆驼继续将自己的肩膀和前腿都挤进了帐篷，最终，它的整个身子都进入了帐篷，而商人也被巨大的骆驼挤出了帐篷外。

这个故事正说明了"拖延"的积累是危险的甚至是致命的，拖延往往化整为零，一步一步将那些细小的工作量积攒成能压垮我们的巨大雪球。我们的懒惰就像是那只骆驼的贪欲，而最终我们会被因为懒惰而留下的巨大的后患而压垮，我们就会像那位商人一样，被挤出原本属于我们的空间。

绝不拖延，随时提醒自己完成应该完成的工作任务，这样才是最有效率的工作方法。

每当有人想要加入到"5点钟俱乐部"中来，玫琳凯都会习惯性地问一句："太棒了，也许在某一个清晨，我会打电话给你，让你给我读一下你清单上的6件事！你愿意接受这样的'规定'吗？你还愿意加入吗？"

清晨的到来意味着一天工作的开始，玫琳凯要求每一位员工都有自己的工作清单，每一位督导或者美容顾问的工作内容都是不同的，因此每天每个人的工作清单都是不同的，当然这些工作都有一个共同的特点——不要拖延。

每一个人都有属于自己的才能，而拖延，却是我们身体潜能的最大杀手，由于拖延，也许再多的时间我们也没办法完成高质量的工作任务。时间是唯一昂贵的但并不需要我们去支付的"珠宝"，我们有这样的资本，去投资我们的生命，不久以后，生命会给予我们最精彩的回报！

5. 直销历史上的奇迹

语言是一种奇妙的东西，它是人与人之间沟通的桥梁，在这个蓝色的星球上，每一个地方每一天每一分每一秒，都有着语言的发生和结束，无论是肢体的舒展还是话语的交锋，语言就是一个多面的角色，就像是我们赖以生存的氧气一样，看不见，但却真实存在于这个星球上，支配着人们的生活和思想。

女人的语言表达能力又是高于男人的。有一项研究表明：男性和女性大脑的最大区别主要是大脑皮层的构造不同。相比较来说，女性的特点是细致、敏感，更多能够感知到生活中的细枝末节，直觉准确，所以观察、沟通、交流能力较之男性更强。这不是一种主观判断，科学家通过对大脑构造的研究得到相似结论，女性左右脑的脑梁部分粗于男性，因此平衡性更好。在这方面，男性则被落在了后面。

女人是天生的销售员，因为她们总是会向身边的人去推荐自己感觉好用的东西，无论是丈夫还是孩子们，或者是邻居和朋友，她们几乎每天都会谈起自己相信的东西。范围涉猎之广，无所不包！

这样与生俱来的"销售"能力真的是非女性莫属，因此玫琳凯的梦想公司有着众多的"天生销售员"，她们用语言构建起自己的梦想王国。

玫琳凯一直记得有一位母亲看见了自己的女儿和隔壁的男生打架，她立刻将两个人分开，并对自己的女儿说："下次有人欺负你的时候，不要还手，要记得你是一个淑女，你要用语言打败他！"

是的，要用语言去坚持自己的事业梦想，即使刚刚工作时会有一些差距，但是总有一天，语言天分可以帮助更多的女性走向光芒四射的舞台。

职业不仅仅是一份工作，也不仅仅是消磨时间和只要拿到薪水就够了，它还意味着一种责任和承诺，把工作当成是一种职业，那就会有许多值得去考虑的事情，这就是玫琳凯为广大女性创造梦想公司时想到的问题。

女性有很多方面的才能，只是她们可能从未将这些才能当作一种求职的优势，就如同刚才所说的那样，女性有着丰富的语言模式，这就是可以发掘的才能。当你想要开创事业的时候，你可以问问自己：什么才是我能做到的最好的？什么样的人能对你做出的选择提供一些可行的建议或者意见？

玫琳凯始终都认为，女性就是直销的天才，直销可以为广大女性提供一个宽广的舞台。玫琳凯有一位朋友，她会做出美味的水果蛋糕，这还是她的祖母留下来的蛋糕配方，起初，她是通过在圣诞节贩卖一些水果蛋糕来赚钱的，但是，现在的她已经成立了一家非常大型的蛋糕企业，有着上千名的员工与她一起工作，公司的名字就是布丁山玛丽。而且，即使公司的规模很大，有了很多制作蛋糕的先进机器，但是，她仍然保持着一些优良传统工艺，比如手工搅拌蛋糕原料。

钻石在没有打磨之前，也只是一块普通的不起眼的矿石。

有时某一位女性朋友来上美容课，她看起来似乎对这一切都毫无兴趣，因为她会说："我已经老了，皮肤的松弛会让我看起来非常的丑陋！我想这对我已经没有什么用处了！你们的那些化妆品似乎对此也无能为力！"而这时，玫琳凯公司的美容顾问们就会从女性的角度来安慰这位顾客："试用一下我们的化妆品，你的脸会变得柔软且富有弹性的！""不要对自己没有信心，尝试一下，也许你会有惊喜。"

销售员们的话会让这一类的顾客们心动，她们往往会同意做一个面膜。如果面膜效果很好，让她整个人看上去神采奕奕而且面部柔软，她又会同意接受使用防晒霜和粉底，接下来又是一系列的彩妆。一个小时过后，美容顾问已经很难让这位顾客从镜子边走开了，因为她被镜子中的自己完全吸引了，她发现精心修饰之后面部变得更加光彩，更加动人。而且，很显然的，她喜欢这样的感觉，更何况身边的美容顾问也在夸赞她的彩妆得体，女人有时是很奇怪的，一个男人感觉她很不错，也许她会觉得那是一种恭维，但是如果有一个女人感觉她的妆容得体，衣着大方，那么她就真的觉得自己是被尊重的。这让她充满了自信。她会扬起头，自豪地走出门，就像是历史上那些伟人取得胜利时一样的感觉。

一个女人坐在镜子前，用玫琳凯的化妆品可以变成美丽的白天鹅，亲眼看见这种变化，就是玫琳凯美容顾问们的事业价值。用自己的能量把他人变得十分自信，对于美容顾问们来说，这就是美丽的成就。

有人说，男人需要抽烟来放松，女人需要唇膏来自信，也许，这就是一种精神寄托。的确这可以让人放下一些东西，有了更多的时间或者动力。很久之前，玫琳凯就知道即使在最极端的情况下，化妆品对于女性的心理也会有好处。

有一位病重的妇人是玫琳凯的朋友，当她刚刚住进医院的时候，脸色苍白，身体虚弱，并且终日陷在遭受病痛的极端痛苦中，每当玫琳凯去看望她的时候，她总是泪流满面地说着一些失落的话。直到某一天，玫琳凯又去看望她的时候，她看起来精神好了很多，玫琳凯惊讶地询问原因，她说："没有什么，今天护士小姐为我梳了头发，并且给我化了一些淡妆！我觉得我今天的心情很不错，就像是我的妆容一样！"

由女性去帮助女性，这才是玫琳凯公司销售产品的核心，而且，女性之间的交流有着特殊的含义，这相当于朋友之间在交流如何去变美的心得体会，就像是玫琳凯一直强调的那样，不要将顾客当成是顾客或者是路人，要把她们当成是自己最好的朋友，而产品就是朋友之间分享的产物。这项工作，恐怕除了女性，再也没有人能够完成好。在玫琳凯化妆品公司成立之前，百货商场里的其他化妆品公司只是卖腮红、唇膏、粉底或者新款的眼影，在一买一卖之间并没有过多的真诚的交流，一切都是陌生冰冷的，即使售货员小姐们带着微笑，那也未必是发自内心的真诚，而玫琳凯公司的产品进入市场时，绝对可以满足市场的真正需求，每一位来自于玫琳凯化妆品公司的美容顾问，都能够帮助女性明白如何才能更好地保护好自己的皮肤，而且一旦美容顾问和客户之间建立起深厚的情感，那么这就变得更加的显而易见。

玫琳凯一位已故的老朋友——玛丽·克莱里，她是一位室内装饰和礼品公司的业主，两个人对彼此的事业都有着深深的影响，这位老朋友即使故去了，也依然鲜活地在玫琳凯的脑海里存在。

两个人是在玫琳凯还在斯坦利工作的时候认识的，那个时候，玫琳凯在一个寒冷的冬夜里组织了一场聚会，不管道路有没有结冰，玫琳凯都想把这场聚会办好，于是，她准时到了女主人家。不过，令玫琳凯有些惊讶的是，在女主人家里，只有玛丽一个人到了，因为她觉得自己是孩子们的老师，应该讲信用。只为两个人做销售演讲，这让玫琳凯觉得没有意义，于是她只是和两位女性一起喝咖啡吃蛋糕，再谈谈一些生活琐事。在交谈中玫琳凯发现玛丽是一个很有魅力的女人。玛丽在一家制造公司当总裁的助理。玫琳凯询问了一下玛丽的月薪是多少，玛丽说："我每星期赚66美元！"这在当时是一笔巨款，但是，玫琳凯还是给了玛丽一个建议，她希望玛丽能去做销售行业，那样肯定会比坐办公室有前途，玛丽当时拒绝了。

接下来的一个月里，玫琳凯没有接到玛丽的电话。但是，之后的某天，玛丽打电话给玫琳凯，诉说着自己丈夫应征国家警卫队的事情，她说她要自己在家待上3个月，"我想去做销售的兼职工作，可以吗？"玛丽这样问玫琳凯。玫琳凯说："当然可以啦！"

虽然第一次的聚会并不是很成功，但是玫琳凯看得出来，玛丽很喜欢这样的氛围，不久之后，玛丽辞去了原来的工作，专心开始了自己的销售工作，很快她的工作就开展得有声有色，后来又离开了这家公司接受了世界礼品公司销售经理的职位。后来，玫琳凯也接受了世界礼品公司的邀请，由于有玛丽的鼓励，玫琳凯所带的小组很快完成了每个月的销售任务，与此同时，玛丽又离开了这家公司，因为她创办了自己的室内装饰和礼品公司，为自己创造了一千万美元的收益。

玫琳凯一直都在用这个故事激励着千万女性，这就说明，一个女性如果用她的才华一心一意去做一件事情，迟早会因为这样的才华而成功的，女性天生就会在直销业有着超过男人的力量，她们为直销业创造了一个又一个奇迹。所以，女士们，当你们想要开始一份新的职业时，请记住，无论开头怎样，你必然会经历更多的过程，但是，只要你知道自己的才能，坚持自己的梦想，总有一天，你会为自己创造一个传奇。

第七章　销售第一

1. 什么是命令

一家公司的成功，最重要的是领导的管理能力和员工们的团队效应相结合，每天，在全球的每家公司里都会有各种各样的命令从领导者的口中传出，他的下属就要去执行这些命令，但是这些命令真的都是行之有效的吗？很少有人会注意到这些命令到底会产生什么样的效果，但是所有人都知道如果领导者的情绪有不同的话，那么发出的命令也会带着不同的情绪。也许，有的领导者会说："我既然是领导者，那么我发出的命令，下属照办就是了！他们怎么会有其他的想法呢？"

曾经有这样一个故事，很是耐人寻味：

一位老师要向班里的学员们讲授管理与领导的方法，课程刚刚开始的时候，老师并没有在黑板上写下太多的理论知识，相反，她只在黑板上给学员们留了一个问题：如果要你来领导全班，如何让大家都自愿走出教室？当然，这里最为重要的一点就是：心甘情愿！

第一个接受考验的学生不知道该怎么办，于是他选择了放弃。

第二个学生想了一会儿对全班同学说："现在我命令大家全部都走到教室外面！"当然，这种强硬的态度并没有奏效，全班的学生没有一个走出去的！

第三个学生看到了前两名学生努力的结果，于是，他想到了一个理由，他说："现在因为教室要打扫卫生，请大家先行离开！"有一部分人离开了教室，但是还留下了一部分学生在教室内打扫。

第四位学生走上台之后，大声地说了四个字："现在下课！"全班的学生都迅速离开了！

这样的故事太多太多，作为一家公司的领导者，玫琳凯首先想到了如何让公司的每一位员工——无论是管理层还是业务督导及美容顾问——重视团队合作和彼此尊重。

纵然公司的管理层有着多么高的学历或者丰富的经验，一个领导者毕竟还是精力有限的，一定要有公司每一位员工的配合和支持，才能让更多的决策发挥出巨大的作用。一位好的管理者不是只会下达命令，他还知道如何下达命令，如何让自己的命令被成功完成。

冷漠的时代已经过去了，当一位管理者在向自己的下属下达命令的时候，语气和态度成了决定命令完成质量的重要因素。情绪是可以互相感染的，如果用笑脸去对待身边的每一个人，那么，这些人再去面对自己应该完成的工作任务时，一定不会是冷漠的！

每一个人都会有这种体会：当感觉到自己的自由好像要被剥夺的时候，都会本能地唤起自身的一种想要恢复自由的想法，这就是想要对抗外部压力和控制力的心理。很多心理学的专家也证实了这种随着工作压力加大的心理"隐患"，也称此为"逆反心理"。

生活压力和工作压力就像是两座山峰，沉沉地压在心头，这样的滋味任谁都是难过的，因此，管理者如何下达命令就显得尤为重要，商量和委托的口吻要比强硬的直接命令容易接受得多。比如，管理者希望下属处理一份文件，一句"如果你不介意的话，请帮我将这份文件处理一下！"要比"马上把这份文件处理好！"温和得多！

一句温和的话语可以缓解人们的心理压力，相对于传统的管理者就是权力的象征，人们都开始趋向于人性化的办公模式。

传统的命令过于生硬，而委婉的语气却能让员工们感受到减压，这也会对员工们有一个心理暗示：其实上级很需要我！如果我将这份工作做好了，那么上级的工作也会顺利很多！

同样的，优秀的管理者在下达命令的时候，除了要考虑自己的态度和情绪，还要衡量一下自己下达的工作任务是否是这个员工能够完成的额度！这份工作的内容是否符合当前的实际情况。有太多的管理者为了达到自己"心血来潮"的工作任务量，而不顾一切地压榨员工们的精力和时间，这是非常愚蠢并且不理智的命令！

在创办自己的梦想公司之前，玫琳凯在为礼品公司做培训课程的时候，她会观察自己的那些学生，从他们的眼神中读到一些讯息或者感悟。某一天，她被总是坐在前排的一个女孩子吸引了，这个女孩很用功，每次的培训课程她都是早早来到教室，并且坐在第一排的位置，上课时候认真听讲，回答问题的时候条分缕析，并且笔记总是做得很仔细，她对自己即将从事的职业信心满满！

她的表现让玫琳凯读到了一些有关梦想的东西，她知道，这个女孩以后一定是一位非常出色的销售员！随着培训课程的结束，玫琳凯再也没有见过这个女孩，但是对于这个女孩的未来，玫琳凯还是觉得非常有希望。几年之后，一个偶然的机会，玫琳凯和这个女孩在大街上相遇，和玫琳凯想象中的见面场景完全不同的是，这个女孩神色黯然，衣着普通，曾经上课时的那种灵动完全不见了，她的大眼睛里取而代之的是无精打采和深深的挫败感。这和之前那个斗志满满、昂扬向上的漂亮女孩简直判若两人！

玫琳凯吃惊于这个女孩的巨大变化，她想知道这其中的原因，因为她知道，一定是发生了很大的变故才能让一个有着满满梦想的人变得如此失意。

女孩在和玫琳凯寒暄几句之后，就开始诉说自己的近况：公司的一位主管在听完一个演讲大师的励志报告之后，就开始仿效演讲大师的成功案例，要求自己的下属们都用一种近似于强势的手段去推销！与20名客户洽谈是每天工作的基本任务，还要额外加上各种文案的说明和超额的客户洽谈，在这样的超负荷工作压力下，女孩最初的激情和梦想被击得荡然无存，她甚至在考虑要不要辞职换一份至少不会这样辛苦的工作。

玫琳凯想到自己当初正是受到了一位老师的鼓励才开始自己的事业，她决定为这个女孩做些什么，她找到了那位主管，并将这样糟糕的现状做了详细的分析，主管在听到玫琳凯的建议之后，知道自己的做法确实有一些强人所难，他布置的工作任务已经远远超过了下属们能够承受的范围，他在玫琳凯的提醒下及时调整了自己的工作部署，让员工们每天只约见4位客户，并且只要对这4位客户的资料进行全面的了解，以便能够及时为每一位针对他们自身的情况做一些专门的指导就好。

后来，玫琳凯在为自己公司的员工做培训的时候，回想起这段往事，她还会笑着说："那个女孩已经按照我所预料的那样，成了一名出色的保险推销员！并且还晋升到了公司主管的位置！如果当初她的上级没有改变想法的话，那么，这些出色的销售员是不会有今天这样的成就的！"

这样的对等尊敬关系，也变成了玫琳凯公司内的新员工培训的必要课程。

玫琳凯对于员工们的管理，一直都是这样认为的："你研究一下任何一家大型的企业后都会发现，他们之所以能够发展、兴旺，完全靠的是公司里的人才，首屈一指的公司里有首屈一指的人才，因此，一旦发现了人才，最重要的事情就是要千方百计地加以挽留！"

由此可见，管理者要摆正自己的位置，即使自己才华横溢，即使自己真的想要为公司培养一些有才华的员工，但是一定要看到自己的员工们能力有多大，一定要知道自己如何下达命令才是最恰当的。明确自己对员工工作的期望目标也是一个良好的开端。

学会用亲切的方式去管理自己的员工，这才会让爱和鼓励充满公司的每一个角落！

2. "三明治"方法

在西方，有这样一种食品，几片面包夹上蔬菜和肉，就变成了一种美味的快餐——三明治。每一个美国人都对这种食品情有独钟，说起三明治的来源，还有一个非常有趣的故事：

三明治的英文拼写是"Sandwich"，它的历史几乎和蛋糕一样久了，和所有的食品被偶然发现而用发源地来命名一样，

Sandwich 原本是一个不出名的小镇，镇上有一个酷爱玩纸牌的人——约翰，他玩纸牌已经达到了废寝忘食的程度，他的亲人很难照顾到他的饮食规律，只好每次都把蔬菜、鸡蛋和香肠夹在两片面包之间，让他一边玩牌一边吃东西，虽然这不是很雅观，但是约翰却很喜欢这样的吃法，并且还随口给它起了个名字叫"Sandwich"，每次感觉到饥饿的时候，他都会大喊："快把我的Sandwich拿来！"久而久之，其他和约翰一起玩牌的人也觉得有趣而纷纷效仿起来，每个人手里都会拿着根据自己口味而做出来的"Sandwich"，不久，这样的吃法就传遍了美国和欧洲。每个人的喜好不同，所以三明治的种类也是花样繁多的！

玫琳凯很欣赏三明治文化中那种随意搭配的口感和相对的便利性，在面包和蔬菜之间平衡出来的口味是独特的，而且和其他的美国人一样，她也喜欢这种很有口味感的食品，当她某一天坐在餐桌旁吃她的金枪鱼三明治的时候，她突然想到了自己一直都在思考的奖励批评制度的名称，为什么不制定一种"三明治政策"呢？

玫琳凯公司一直都是明确奖罚制度的忠实执行者，从精神嘉奖到物质鼓励，玫琳凯做出了很多的尝试，而这一次，她想到的"三明治"批评政策，可以帮助员工们更快地认清自我。

在这个世界上，没有尽善尽美的事物，当然，也没有完美的人物，无论是职位多么高的人，多么完美的人，总会有犯错的时候，更何况还有那么多的普通人，犯错很正常，只要及时改正，这就是一条宝贵的经验。

玫琳凯一直都在为自己的梦想公司制定各种帮助员工进步的策略，她希望这些女性朋友们在这里工作之后，得到的不仅仅是一份工作，还有人生的感悟和自信，以及那些以前从来都不会注意到的细节。比如，成功和犯错之间的细微差别，还有人与人之间的互相尊重和鼓励的意味。

对于犯了错的员工，当然要给出一些合理的建议和批评，但是如何去处理这两者之间的平衡关系，也是要讲究原则方法的，这就是"三明治"政策的核心：不能只批评而不赞美！也就是不管要批评对方什么错误和缺点，要欲抑先扬，先夸奖对方的优点，这样让被批评者获得较舒服的心理感受，也能更加容易接受批评。甚至不只是在批评前，批评后也要这样做，将情绪适当拉回，这就像是三明治的外形一样，在长处之间夹着一个致命的错误，两种"材料"一混合，就变成了一次提升员工能力的"加餐"！

"三明治"政策被很好地应用到了公司的各项事务当中，并且取得了不错的效果。

比如由于玫琳凯公司是一家女性为主的公司，而女性的心理一般比男性的心理敏感脆弱许多，如果对一个女性提出了批评，她会将这种批评当成是个人恩怨，而不太会把这种批评的声音当成是进步的指导，所以玫琳凯在公司内制定了一条不成文的规定：表扬公开，批评私下！

人都有自尊心，如果管理者和被批评的员工之间的沟通还有第三人在场的话，那么这对于一位刚刚犯了错误的员工来说，简直就是一场噩梦，她绝对不希望自己的挫败被一个毫不相干的人全程见证！

玫琳凯一直认为批评要做到对事不对人，当管理者发现一位员工的错误时，一定要一针见血地指出错误的地方，要表现出自己对这件事情的不满意，而不是指出对犯错人的不满，而且即使是批评，也要保持一定程度的温和。

比如，公司内的一位管理者在发现一些问题之后，会与这位员工这样进行沟通："你工作真的是非常的认真，为公司创造了很多的工作成绩，在为公司贡献力量这方面，你是富有责任心和团队意识的！但是唯一一点缺憾就是，你有时候在语言运用上会有一些不恰当，倘若你改正了这一点，那么你就是公司中最优秀最完美的员工了！"

跟随玫琳凯工作了很久的秘书被调到了别的岗位，取而代之的是一位刚刚毕业的女大学生，这个小女孩很机灵，带着刚刚毕业的蓬勃朝气和激情，做着一份极具梦想含义的工作，玫琳凯能看得出这个女孩很喜欢这样的工作氛围，但是，这个女孩有一个毛病，那就是打字的时候不注意标点符号，玫琳凯想要帮助这个女孩愉快地改正这个毛病，她将秘书叫到办公室之后，说了这样的一番话："你今天穿的衣服非常的漂亮，穿着这件衣服，美丽的你显得更加的落落大方！"

女秘书觉得有些受宠若惊，面对自己老板的夸赞，她微笑着说了一句谢谢，然后玫琳凯又说："你衣服上这一排纽扣也很别致，将你身体的曲线点缀得恰到好处，就像是文章中每一处标点符号一样，有了这些标点符号，一篇好文章才会显得更加的整洁、有条理！你以后也一定会更加注重这些标点符号的，是吗？"

聪明的女秘书听出了老板的批评和建议，愉快地接受了这个很中肯的批评。从此之后，她的标点符号标注做得更加细致了，而且业务能力也相应地大大提高了！

玫琳凯在制定了"三明治"政策之后，得出了一个结论，在和员工们沟通解决问题之后，她会看一看这些员工们转身走出办公室的背影，这也是检验沟通是否有效的最好方法：如果员工在转身的那一刻，是垂头丧气的，那么就说明这次的沟通是失败的，这不仅仅是亲和力的表现问题，还有员工的承受能力和改正错误的心态问题；当然，如果员工们离开办公室的时候是昂首挺胸的，那就说明这次成功的沟通一定非常有效。

简单来说，挫折激励适用于大部分员工，而个别的一些问题需要用一些特别的手段来处理。

不管怎样，"三明治"批评策略被越来越多地灵活运用到了公司内部管理的规章制度上，还有一些跨国企业的人力资源部门都在制定管理策略时，加以借鉴和参考，也许，它已经不仅仅是一种规章制度了，如果我们可以将这样的批评策略运用到我们的生活当中，也不失为一种促进我们积极向上的好方法！

3. 马上行动

列一份清单，告诉自己一天应该做多少工作，坚持下来，也许不久之后，你就知道自己已经在成功的路上走了很久。

我们有着不一样的生活和工作，但是我们有着一样的时间，一天24小时，谁也不会比谁多一个小时，因此，我们需要用有限的时间去完成更多的事情。玫琳凯一直认为时间是可以投资的，这不仅仅意味着要从有限的时间中挤出来，而且如果挤出来的时间没有被好好地利用，那么这就是在浪费时间！在有限的时间内，将自己的工作无限延展，这才是对于时间的充分利用。不拖延时间，这就是对于时间最好的尊重。

帕金森定律表明：只要还有时间，工作就会不断扩展，直到用完所有的时间。

虽然很多人熟知这个定律，但是并不是每一个人都可以将这个定律运用得完美，比如有一天当你闲在家里的时候，突然你的朋友打电话说要在半个小时后登门拜访，这时的你会怎么样回应呢？你肯定会在半个小时内将整个房间都打扫干净，这些清洁工作也许是平时的你因为懒惰的心理而积攒下来的，但是，因为一个意外状况而立刻完成，这就是马上去做的结果。

虽然很多人都承认"马上去做"的这个定律，但是在大多数情况下，人们还是会忽略不拖延的重要性，如果是在忙碌的早晨，人们可能会在一小段有限的时间里完成沐浴、更衣和早餐，然而当人们到达办公室，拥有了一整个上午的时间，她们完成的工作任务可能并没有增加多少！

玫琳凯在建立起梦想公司之前，就发现了怎样充分利用时间的诀窍，那就是马上行动。所以她从来不拖延自己的时间，她不会把3个月就能做好的工作放到6个月的时间段里去做。她也不会将时间浪费在不必要的事务上，因为她总是在有限的时间里设定一个目标。当然，在玫琳凯公司成立之后，她也是严格执行着这样一个规定。

当公司内的事务多了起来，玫琳凯发现了一个问题，员工们都会有这样那样的一些容易忽视的小任务，比如对于美容顾问来说，给顾客打电话就属于这种小的却很重要的任务。

电话回访客户的工作是让顾客们满意的一个重要环节，这项工作要放在销售产品的两个星期之后，美容顾问要给顾客们打电话询问是否对公司的产品满意，如果不满意，还需要做什么改进。

几乎是每一天，美容顾问们都要在电话中问诸如这样的问题："您对公司的护肤产品是否满意？""这样的护肤效果是您想要的吗？""您对这套产品还有什么样的建议或者意见吗？"……这样的服务电话也是关心客户的一种方式，这样可以让她们感受到关怀和周到的服务，也对公司产品质量的提升起到了非常关键的帮助作用。

这项任务虽然很简单，但确实是一项重要的工作，需要被列在公司每一位员工的工作清单的第一位，当一位女性早晨做完家务或者为自己收拾妥当之后，她必须首要完成的任务就是这项电话回访的工作。有人曾经对此提出了一些质疑：如果顾客们对于这样的回访感到有些厌烦怎么办？

事实上，这样的质疑是完全不必要的，因为顾客们的反响是如此之高，她们都很乐于与这些美容顾问探讨一下自己对于产品的心得体会，她们也很乐于和彼此分享更多的美容知识，所以，在这些美容顾问们给顾客们打过三两个积极而又有热情的反馈电话之后，她们都会迫不及待地再去打给其他的顾客，用这样一种积极向上的情绪去感染其他人！快乐的情绪让人们喜爱上工作，喜爱上不拖延时间去工作，喜爱上在完成当天的工作任务量后再去完成更多的目标。

玫琳凯总是对员工们说："你们就是你们自己的老板，因为，你们自己掌握着时间，有着自己奋斗的目标和愿景，有着别人无法企及的毅力和优点，这一切都在你身上具备，你唯一需要注意的，就是严格地把握住你的时间！安排好自己的日程！"

　　时间是所有销售人员最具价值的昂贵商品。在玫琳凯的公司里，有这样一个例子：

　　有一位美容顾问在西南部工作，她所在的销售地区是一个只有7000多人的乡村小城，当初她加入到玫琳凯这个行业中来时，很多人对此并不看好，因为人口的比例限制了她工作发展的可能，她的销售前景似乎只用一个手指头就能算得出来。

　　但事实上，这位美容顾问并没有被自己所处的地理位置吓倒，相反，她想出了更多的方法来打破这样的地域缺陷，她以自己家乡为中心、以150英里为半径划分出了很大一块区域，她就在这个范围内为自己预约更多的美容课程，之所以将地理范围划分得如此精准，她是为了自己能够更好地利用时间，最大限度地将自己所有的工作时间都利用起来，只要自己制定的时间表一到时间，她肯定会准时出现在约定的地点。假如她在75英里的地方讲课，那么，她会在邻近的地方准备出下一场美容演讲，这样她就不必为赶赴太遥远的路程而浪费时间和金钱了！可想而知，她积极应对地域范围这一难题，成功的报酬会相当的丰厚！她不会拖延时间去等待机遇的降临，也不会耗费时间在路途和人力上，她将自己的时间规划得十分合理，因为她永远不会拖沓！

　　好好地管理时间，不让自己的工作任务堆积到一起，这就是管理时间的良好方法，如果坚持下去，也一定会取得相当好的效果。

玫琳凯在工作时，仔细观察过每一位员工的状态，有的员工正在埋头工作，及时处理自己的电话和文件；而有的员工会在本应该工作的时间做一些悠闲的事情，喝喝咖啡，看看网页新闻，手边的文件即使堆积如山，也会气定神闲地再看一张报纸，她们总认为自己还有一些时间来完成工作，实在不行，还有晚上的时间来加班。这种人通常认为她们正处在休息时间，其实，她们心中却有着更多的担忧，她们担忧自己的文案，担忧那些早就该回的信件，担忧自己还没打完的电话和应该及时做的销售工作。

玫琳凯每次在为员工们开会时，都会强调："如果你想浪费时间，千万不要浪费白天！如果你想要工作，那么马上就去做！一个小时的工作总会胜过一整天的白日梦！"

当你有了目标就马上去做，千万不要等待任何有理由或者无理由的借口，因为，你的积极就是在为自己的梦想铺设更宽广的道路，总有一天，你会发现，你用自己有限的时间完成了超级的梦想。

第八章　思想上的巨人

1. 完美培训

如何去培训，如何培训出公司想要的完美员工，这是很多知名企业迫切想要解决的问题。

在一个信息爆炸的时代，通过各种各样的渠道得到的信息让人眼花缭乱，如何才能从这些如雪花飘散的信息中选取自己想要的有用信息？这需要技巧和耐心。同样的，一个企业如何从众多的应聘者中选择出适合本公司的员工，并让这位员工心甘情愿与公司一起接受挑战和发展，这也是需要诀窍的！一个好的企业不光是需要完美的员工来工作，更需要一种良好的企业文化氛围来约束公司里大大小小的事务和人，这时，完美的岗位培训就体现出不可估量的价值了！

玫琳凯一直致力于将公司打造成一个既拥有良好文化氛围又拥有完美员工的优秀品牌。事实上，她已经做到了，优质的产品和传奇式的服务已经让玫琳凯公司的品牌十分响亮了，这其中，美容顾问这道"金字招牌"就是玫琳凯公司的典型例子。一位美容顾问在对她的顾客介绍产品时表现得温柔真诚，会让每一个接触到玫琳凯产品的人都产生一个良好的印象，相反的，如果美容顾问们对顾客们置之不理或者语言粗暴，顾客们也会对产品失去信心，甚至对公司的形象非常厌恶，最后，顾客的数量也就流失严重！

很大程度上，美容顾问就是玫琳凯公司的一块活动的广告牌匾，正是她们的温文尔雅和满怀真诚的服务，让玫琳凯的每一位顾客都如沐春风，觉得自己就是玫琳凯公司最重要的客人。每一个人都有这样的心理，一旦自己得到了足够的重视，那么她就会产生极大的满足感，油然而生的，也会对满足感的来源有了很大的依赖和信任。

因此，玫琳凯在细心研究得出这样一个结论之后，也就开始了新的培训方案，那就是将公司内部的美容顾问的培训上升到极高的程度，把她们变得完美，也就是将公司的形象塑造得无懈可击。为此，玫琳凯在为美容顾问们培训的时候，着重注意的三个方面就是：品德、技能和形象。

首先，品德是一个人成功与否的标志，你可以没有很出众的相貌，你可以没有钱财，你也可以没有胆识、没有谋略，每个人都是普通人，并不曾一出生就光芒夺目，但是如果你没有好的品德，那么你的一生将会在失败中度过。玫琳凯一直认为，人的品德决定着他的财富，两者之间是成正比的，品德越纯洁高尚，财富越多。而且，在用品德为标准挑选适合公司的员工时，玫琳凯的直觉一直都是准确无误的！

当玫琳凯开设第一家店面的时候，很多人都来应聘，因为当时玫琳凯的确是需要大量的美容顾问，很多女性朋友都来询问相关事宜，而玫琳凯也是用自己多年的培训经验衡量着每一个人的可用性。

有一位男士也来咨询，并急切地表达了自己想要做一名美容顾问的愿望，当然，他的确是当天很出众的一位应聘者，他的见解富有内涵，他的热忱也丝毫不比其他女性朋友差，他就像是一个赢家。不过，玫琳凯还是觉得好像有哪里不对，不是因为他是一个男人而不适合这份工作，而是他的品德方面好像出现了一些问题，玫琳凯想了很久，还是对这位男士说："对不起，我觉得你可能不太适合这份工作！"这是店面开张的第一天，玫琳凯将自己的所有积蓄都投入到了店铺里，而且这也正是玫琳凯急需人才的时候，如果没有更多的美容顾问，那么她的心血也就差不多付诸东流了。

但是直觉有的时候会战胜一切，她毫不犹豫地对这位男士表达了自己的想法，这位男士很愤怒，他愤恨地对玫琳凯说："走着瞧，我一定会开一家自己的化妆品公司来与你竞争！"玫琳凯极其大度地笑着说："如果你真的开了一家公司，那么我很高兴与你竞争！"

6个月之后，玫琳凯在吃早餐的时候打开了当天的报纸——这是她一直保持的好习惯，在报纸的头条上，她看到了曾经熟悉的那位男士，然而报上的消息不是他成立了自己的公司，而是他因为贿赂而被判了刑。如果当初他成为玫琳凯公司的一员，也许这一次上报纸头条的，就会是玫琳凯的公司了！

玫琳凯一直都按照诚信、责任、严谨和敬业的标准塑造员工的品德，这同时也是一个企业想要生存发展的必要条件，在"报纸头条"的事件发生之后，玫琳凯一直专注于从招聘员工开始，就注意应聘者是否能够接受公司的价值观，然后再从侧面考察应聘者内在品德的表现。

保持品德的高尚，不仅仅是为了自己的工作，更是为了自己的人生和信仰，如果一个人可以为了金钱而不择手段，那么他的灵魂也就变得肮脏不堪了。品德是芸芸众生自照的镜子，如何成功，要看品德的颜色。

其次，培训的完美目标还有技能。无论是什么类型的培训，技能的锻炼和提升都是必不可少的，一个人可以没有学位，但是必须要有一项生存在社会上的技能，至少一项技能可以让你免受饥寒，解决温饱。

女人是天生的销售员，这是众所周知的。而在美国，销售是收入相当丰厚的一个行业，大概有百分之八十的人都是直接从事和销售有关的行业，而且在这一类的人群中，大概有百分之七十的销售企业的经理是从销售部门做起的。

曾经，威廉·瑞利用五分钱的口香糖建立起他的王国；麦当劳依靠汉堡而白手起家，最终称霸全球的快餐行业；贾德森用一个小小的拉锁，锁住了全世界……这些生动的销售案例都在说明这样一个问题：如何用有效的方法将自己的产品推销出去。销售的技巧不是短时间内就能完全理解的，玫琳凯希望自己的员工们至少可以将所销售产品的资料都完全地掌握。这体现在对员工们的常规培训上。

常规培训内容包含着皮肤及产品知识的培训、彩妆技巧培训、新顾问培训和新经销商的培训。这些常识都是员工们必须掌握的，这些培训包含了公司运营的几大环节：

了解护肤产品的性能和基本知识，就可以更加专业地根据顾客们的肤质来介绍相应的产品；彩妆的培训可以提高美容顾问们的彩妆理论知识和化妆的技巧；还有那些基础的沟通技巧和销售技巧，让每一位接受培训的美容顾问变得更加专业。

当一个美容顾问拥有了良好的素养和基本的销售技巧，她还需要将自己的外在形象与自己的内在保持一致，这样才算是一位完美的美容顾问。

一个良好的形象决定着别人对你的印象，这也就不难理解，为何玫琳凯公司的每一位职业女性都是穿着得体的职业套装，显得十分的干练和清爽，这一直都是玫琳凯所致力于培训的重要内容。她一直强调玫琳凯公司内的每一位员工都要打扮得极具魅力和女人味，当然这并不是说要打扮得多么性感。

一位职业女性就要打扮得很职业化，比如，玫琳凯一直都反对女性们穿着便裤来上班，适当放宽的条件只适用于仓库和生产车间。正因为玫琳凯和她的员工们从事的就是让女性更加漂亮的工作，所以在教会别人打扮变美的同时，美容顾问们自己也一定要穿着大方得体，让人赏心悦目。玫琳凯在为员工们培训的时候，会建议她们穿着礼服或者是套装去上课，也会提出让美容顾问们好好地修饰指甲和头发。总之，玫琳凯认为只有穿着得体才能够更好地做好这份工作，无法想象一个衣着邋遢、满头乱发、不修边幅的人自称可以让你变得更美丽。

让自己成为其他女人想要效仿变美的对象，这才是完美培训的核心。

经过培训的新员工在很短的时间内就能成为一名合格的美容顾问，而且，在培训的这一段时间内，新员工都可以感受到来自于公司文化理念和价值观的影响，这些企业的文化都可以直接影响新员工在今后工作中的态度和思维习惯。

当员工们通过自己的努力得到晋升之后，玫琳凯公司还可以为这些员工提供更高级的业务技巧和管理培训，曾经有人认为玫琳凯公司为员工们提供的资深业务督导培训就是一个高级的MBA培训。

玫琳凯公司的培训也不只是针对新员工，对于那些资深的老员工，管理层也会不定时地进行一些培训，因为玫琳凯深深知道，由于时代的变迁和科技的发展，公司员工的业务素质也是需要提高的。

2. 员工才是主体

在这个星球上，梦想是一种好像很遥远却又离我们很近的东西，有梦想的人知道如何去让自己的梦想升值，有梦想的人永远都知道自己梦想的价值是什么。梦想的价值对于一个人的意义，是很重大的。玫琳凯理解梦想的含义，所以她创建了这样一家以梦想为生的公司，目的就是让每一位女性朋友都能有漂亮和自信来面对生活。

玫琳凯公司是一家实现梦想的公司，但是与其他企业着重于固定资产和利益的增长有所不同，玫琳凯是一个以人为本的公司，在玫琳凯看来，员工就是公司的首要资产，在玫琳凯和管理层每一次商讨着公司的发展走向时，员工永远是主题。

到达拉斯总部参观，第一个步骤一定是被邀请去玫琳凯博物馆看看，那里也是公司大楼的一层，是最合适的起点。这里非常的独特，因为在博物馆中不仅记录着公司发展的历史，还记录着几十年来时尚与美容界的发展趋势。在博物馆最大的展厅里悬挂着500幅照片，照片中的人物就是玫琳凯公司在全球范围内的首席员工，可以说，她们都是玫琳凯销售团队的领军人物，将她们的照片悬挂在公司历史发展的博物馆里，这样别出心裁的设置也真切地体现出玫琳凯化妆品公司以人为本的理念。

把员工视为企业的最大财富，这就是玫琳凯超凡的人力资源观。

当玫琳凯和一些经商的朋友探讨生意之道的时候，她发现了一个有趣的细节：如果一家公司中管理者都是和蔼可亲并且以员工为重的话，那么这家公司的办事效率会高很多；相反，如果这家公司的员工感觉自己不受重视，感受不到来自于管理者的关怀，这家公司的产品和服务一定会有很多负面的评价。

许多公司犯的错误之一，就是不以"人"为重，管理层对于内部员工的关注远远比不上对公司增效利益的数字变化的兴趣，他们可能更在乎的是生产资本的提高和大幅度增值的土地资产。当然，这些都是企业发展的基本要求，但是，人员才是事业快速发展的主体。

有很多企业都是因为没有注意到这个问题而导致最后亏损甚至破产的。比如，某家大型的企业斥巨资收购了一家原本就生意兴隆的快餐连锁店，这家连锁店本来在国内有着100多家的连锁店铺，而且工作人员的队伍十分可观；但是，这家集团将连锁快餐店收购之后，就辞退了店铺内所有的管理层人员，取而代之的是这家集团的内部员工。

很快，在随后一年多的时间里，这家连锁快餐店的财务出现了前所未有的危机。集团的领导者却一直找不到原因。其实，真正的问题在于，集团购买的只是这家连锁机构的设备和场地，而真正有价值的却是这家机构的经营团队。尽管集团的管理者派去的都是自己公司内部非常有能力的精英，但是他们都缺乏管理快餐连锁店的经验，最有价值的精英已经被他们当初一念之差解雇了。于是，亏损连年增多。最后，这家企业集团的负责人不得不放弃了这个原本可以增益多销的项目。

随着越来越多的企业在实践中摸索，以人为本的思想也开始在企业文化中变得越发的重要。在现今，许多初创的公司都开始将招聘合适的人才放到了公司发展的第一要务上。

玫琳凯很早就发现了人才的重要性，为了招募到合适的人才，玫琳凯从来不会在对待人才的方面吝啬，而且她也会想到各种方法来体现公司以人为本的文化氛围。

当公司开始招聘第一批销售人员的时候，玫琳凯和理查还没有太多的发掘人才的经验，但是他们一旦有不懂的地方，就会花费重金来请教一些专家帮忙解决这些问题。

那时，玫琳凯只会培训销售人员，她对化妆品行业丝毫不懂，当她得到了那份配方之后，她做的第一件事情就是找出了非常有名气的化妆品制造工厂，同时她也在查阅食品药物管理局对化妆品制造工厂的一些规定。

理查那时只是一个二十刚出头的小伙子，他在寻找人事管理的专业人员的同时，也会寻找会计、法律、营销等其他方面的专家。事实证明，这些人为玫琳凯和理查制订了很多可行的方案，而且因为这些方案而招募来的人员为公司带来了巨大的生命力，为公司在当时竞争激烈的企业市场上奠定了坚实的人才基础。

俗话说："守业更比创业难。"招聘来人才，随后要想到的就是如何留住这些人才。随着玫琳凯公司的规模不断发展壮大，很多优秀的全职型人才加入到了这个完美的团队中来。公司愿意为优秀的人才提供最好的待遇和福利，因为这些人感受到公司对他们的重视之后，会为公司带来更多的回报。慷慨地对待公司内的每一位员工，正是因为如此，慢慢建立起了一支工作努力、高效的员工队伍。

在玫琳凯公司，玫琳凯和管理者们都会为员工们送去很多的"关心卡"，这不仅仅包括加薪和福利，更有一种企业责任在其中——要将员工放在第一位，就像是玫琳凯说过的一样：

"没错，吸引优秀的人才要靠高薪。不过，如何训练和留住人才，却是更重要的功课。通常，培训一个新人需要至少6个月的时间，而如果不能留住，则是时间成本和人力成本的双重浪费。所以我认为，一旦看准一个人，就要尽力去留住，如果发现他有不适应的地方，则应该适时地调整到更适合的部门去。"

在玫琳凯公司，每一位管理人员都相信一个事实，那就是上帝绝对不会将一无是处的人创造出来，每个人都有他对某一项任务的独到见解，因此每位员工都是独一无二的。本着"以人为本"的思想，公司的管理者们无论多忙，都会花时间去和员工们沟通，比如知道员工们对于手头工作的想法、和员工们谈论一下管理制度的优缺点、让员工们知道他们承担的责任等等，这一切都是在用语言和行动明确地告知，领导很赏识和器重他们。尽量去挖掘员工的所有潜能，努力去为员工创造一个良好的工作环境，让他们对公司有一种家的感觉，这就是玫琳凯真正想要为员工们做的。因为这些员工是公司的真正资产。从一开始，玫琳凯公司就一直被思想积极、热情洋溢的好人所环绕，这让公司变得越发的美好。还有公司的名誉，也是这些员工共同创造的。

不同于很多老板的思路，员工的重要性，一直是玫琳凯看重的。只有先把他们当成第一营销对象，当员工们对公司满意了，与之相关的顾客们才会满意，而顾客们满意了，企业才能够获得更多的利润并得以持续发展。

当公司内部有一些不称职的员工，管理者首先要做的就是和这位员工商谈，看看员工是否认识到自己所做的工作有一些不恰当，然后管理者会对这位员工提出一些合理化建议，并帮助其制定下一步的目标。或者，这位员工不适合正在做的这份工作，公司会结合员工的自身特点，将其调到合适的部门。不管哪一项方案，玫琳凯一直要求管理者们要站在员工的角度去思考到底什么样的决策是对这位员工最合适的，因为，一旦员工们发现自己的工作有一些问题，他才是最难过的那个人。

比如，玫琳凯原来有一位秘书，她做事很认真，但是好像对自己手头工作有一些力不从心。当玫琳凯发现这个情况的时候，她找到这位秘书，与她谈了很久，最后，她决定将这位秘书调到会计部门去工作，事实也证明，这位秘书得到了更好更快的发展，这比她在秘书部门要合适得多！

玫琳凯公司的每一位员工都将"以人为本"的企业理念深深牢记，从上级到下级，从老员工到新员工，每一个人都知道，良好的企业文化会让身边的所有人都感受到一种亲切的魅力。

企业和人才是一个整体，一家公司的好坏取决于这家公司的员工，努力保持能够吸引、培养和留住杰出人才的氛围，因为公司的任何成就都是员工集体努力的结晶。

3. 激励的魔法

曾经有一位名人这样评价推销员："使用双手的是劳工；使用双手和头脑的是舵手；使用双手、头脑与心灵的是艺术家；只有用上双手、头脑、心灵再加上双脚的才是推销员。"想要成为一名优秀的推销员，就要有一种积极向上的态度，而有的时候，可能我们因为某一种错误而产生了挫败感，这种时候我们就需要有人来激励我们向前。

销售员的工作需要随时保持一种乐观和积极的态度，这就需要公司制定出一种有效的激励制度，来让员工们随时都能保持高涨的工作热情和自信。

激励制度所取得的效果十分惊人，按照玫琳凯的规定，当一位美容顾问在第一次卖出100美元的产品时，会获得一条缎带，依此类推，当卖出200美元产品时，可以再得到一条。其实，一条缎带并不昂贵，它只有0.4美元，但是对于员工内心的抚慰和支撑，却是不可忽视的力量。缎带的价值，早已超出了人们的想象。

缎带的想法，最初源于斯坦利公司的启发。当时，玫琳凯所在的斯坦利家居公司宣布，如果谁能在一周内招募到更多的新推销员，就会被授予"达拉斯小姐"的称号。玫琳凯十分重视这一项荣誉，因为她想利用这次机会好好表现自己，在后来的7天里，玫琳凯会在每天上午给老顾客拨打回访电话，到了下午，就做一些招募的工作，她积极投入，每一项工作都做得十分到位，一周的时间内，她招募到了17名新人，最后结果揭晓，玫琳凯获得了"达拉斯小姐"的荣誉称号，并赢得了那象征荣誉的缎带。

这条缎带一直保留在玫琳凯的荣誉展台上，因为这样的一条缎带让她想到了激励制度的魔法作用，很多人工作是为了赚工资，但这并不是唯一的目标，在每个人心中，得到认同与赚钱一样。玫琳凯也一直相信自己并不是唯一一个想要竞争得到认可的人，所以，她知道，激励制度非常必要。随之而来的，玫琳凯想到了很多物质奖励，比如，玫琳凯公司会每年为美容顾问和经销商发放总额高达3800万美元的竞赛奖励和奖金等等。再比如，当销售额达到了一定标准，美容顾问们可以得到相应的服务费。当一个月的累计订单金额达到750～1199美元，公司会向你支付百分之十三的服务费，1200～1799美元就会有百分之十八的服务费，1800美元以上就会有百分之二十的服务费，同时如果订购一定数量的产品，就可以享受0.0667的点数，比如1800美元的产品将得到120点数，美容顾问可以凭借着这样的点数非常便宜地买到玫琳凯的产品，120点就可以用120美元的价格买到600美元的产品，这就是自用产品，而省下的480美元就是员工的福利。

还有为美容顾问们准备的特别奖励如大黄蜂别针、粉红色的卡迪拉克等等，至今已经有价值一亿多美元的一万多辆奖品汽车行驶在世界各地。这些物质奖励有的并不是多么贵重，但是它们象征的意义却并不是金钱能买到的。

这些对于员工们最基本的业绩肯定，是价值无限的。除了物质奖励之外，玫琳凯更多的是注重用语言和环境来激励员工们。

在玫琳凯公司有一位首席美容顾问，她就是博物馆中陈列的照片上的人员之一，她叫艾琳娜·勒纳兹，她曾经有一份护士的工作，但是这份工作的微薄薪水不足以让她养活自己的4个孩子。于是，她加入到了玫琳凯这个大家庭，当时的她并没有想到自己有朝一日可以成为全球的首席顾问之一。当时的她只是想着要多挣一些钱给自己的孩子买食物和衣服。正如每一位刚刚踏进玫琳凯公司的新人一样，艾琳娜·勒纳兹最开始也对自己十分没有信心，而她的业务督导就开始耐心地为她讲授课程，培训专业知识，如果没有这位督导的鼓励和支持，也许她也无法坚持下去。但是她受到了来自于很多人的热忱感染，再加上她的自身努力，一系列的经历让她成了更完美的人。

玫琳凯还清楚地记得，有一天早上，她听到办公室门外是艾琳娜的声音在说："你一节课卖了35美元！你真的很棒！"玫琳凯很疑惑，因为卖了35美元的成绩真的不算什么，她很想知道艾琳娜在和谁说话，当她打开门张望的时候，艾琳娜笑意盈盈地带着自己培训的一个新人说："玫琳凯，这是我新培训的美容顾问，她在昨晚卖了35美元的产品！在前三节课上，她都没有卖掉什么，但是昨天晚上……"

玫琳凯看着艾琳娜，她知道这位新人如果没有被鼓励的话，那么她很可能没有信心做下去了！艾琳娜把当初从其他美容顾问那里得到的鼓励和支持继续发扬光大，用温暖的语言给予新人们更多的鼓励。

当几块巨大的屏幕上写着你的名字还有照片展示，一群人在用相机拍摄你，闪光灯好像是好莱坞电影节现场一样，成千上万的人给你掌声，千万别觉得这是假的，因为这是玫琳凯年度讨论会上的场景，是每年都会真实发生的场景。这也被玫琳凯称为"舞台的魅力"。每年的研讨会，都会在一个场面恢宏的大礼堂中举行，公司也特别为这样一场盛会设立了一个绚丽的舞台，让美容顾问们都在舞台上尽情地展现着她们的风采和自信，虽然每个人都只在舞台上露面那么几秒钟，而后就要带着激动的心情走下台去，但是，每个人都愿意为这样的盛会而争取机会，因为，每个人的心中都希望得到更多的认可和热烈的掌声。

公司内部也是花费重金打造了这样一个舞台，这不仅仅是一场会议，更像是一场非常昂贵的表演会。会议将学院奖、美国小姐竞选活动和百老汇的开幕式融为一体，长达三天的会议让人眼花缭乱，因为这个会议是由颁奖仪式、对抗赛、戏剧表演和娱乐节目等众多活动组成的。

为什么要花费如此多的巨款打造这样一个精彩的年度大会呢？玫琳凯和管理者们一致认为：人们想要获得认可的心愿是一种动力，而公司用这种近乎奢华的方法来激励员工，美丽的聚光灯，炫目的舞台，这就像是一种神奇的魔法，吸引着员工们去探索更多的业绩成就，最后一定会有惊人的效果。

每年的年会都有一个主题，那就是肯定成功。管理者们都希望所有人知道，公司欣赏员工们和他们的表现，他们也会做得更好来回应这样的激励，因为掌声和认同就是最有力量的激励。

在玫琳凯公司，激励的氛围无处不在，她想要营造一种时时刻刻积极向上的气氛。年会的嘉奖只是一个方面，除此之外，公司注重企业文化的建设，定期发行一本杂志，名为《喝彩》。杂志的内容，大半是刊登公司里的优秀员工、优秀业绩。全球范围内所有优秀的销售员、培训师，以及各种竞赛活动和获奖情况，都可以在上面找到。另外还有这些优秀员工的成长经历和心得体会。杂志是每月一期的，在不同的国家用不同的语言译制，让每一位美容顾问都可以公开分享经验，在赞美中获得感悟。

没有哪一家公司，可以靠一双手的力量打天下。玫琳凯时刻铭记，几十年风雨，是所有新老员工肩并肩共同支撑过来的，是玫琳凯精英团队的共同创造，才有了今天的辉煌。激励制度生发出的魔法效应，已经像春天开满鲜花的山坡一样，到处芬芳，一片繁荣。

第九章　玫琳凯准则

1. 让你的生命更美好

生命的美好，在于去发现，用心去感受，当自己遇到生命的漩涡，不要惊慌，也不要觉得挫败，换另一种心态来看待生命中的一些风风雨雨，也许会有不同的收获。玫琳凯从小到大，经历了穷困、孤单等等一系列的不如意，但是，她依然凭借着自己积极向上的精神，让自己的心态一直保持着平和和乐观，并且她还试着用自己的情绪去感染别人，勇敢积极地面对生活，这就是生命的美好。

这世界上有无数的人，并不是每个人都能真正地体会到生命的美好，也许她不能每件事都做，但是她可以做好一件事情，用爱心让这个世界变得美好，用自己满满的爱意去给身边的人增添力量。

在玫琳凯化妆品公司，有一条人人皆知的黄金法则："你希望别人怎么对待你，你就怎么对待别人。"这是一条公司制度，也是玫琳凯闪闪发光的思想，她在成长的过程中，经历了太多的苦难，同时，她也得到了更多来自于其他人的关心，不胜感激的同时，她也在思考，当自己的生命因为别人的帮助而变得更加美好时，自己也想把这样的美好带给其他需要帮助的人，如何能让善意的爱心传播得更远呢？

有一个故事对玫琳凯的影响很大，她也时常与大家分享。很多年前的费城，有一个名叫艾蒂的小女孩，她很普通，但是随后发生的一件事，让她一点儿都不平凡。当时在艾蒂住的社区内，有一位牧师为附近的孩子们开设了一所主日学校，当艾蒂第一次去参加这个学校的聚会时，她发现这个学校的房间太小了，导致很多高兴而来的孩子们因为无法进入房间而快快离去。当天晚上，艾蒂显得心事重重，她的玩伴都因为房间太小而不能来参加聚会。想着想着她睡着了，在梦里，一座好大的教堂矗立在那里，她和朋友们玩得好开心……

两年后，艾蒂因为意外不幸去世。父母为她料理完后事，他们便找到了当年办聚会的那个牧师，交给他一个破旧的红色小钱包。牧师十分不解，艾蒂的父母说这是在艾蒂的枕头下发现的。当牧师打开这个小钱包查看里面的东西时，他被感动了：钱包里面装着艾蒂平时打零工赚来的0.75元钱，另外还有一张纸条，那是艾蒂写的："这笔钱用来盖一座大大的教堂，这样更多的小伙伴们就可以参加主日学校啦！"牧师将这个小钱包紧紧攥在手里，眼泪却大滴大滴掉下来。

艾蒂葬礼后的第二个星期天，牧师在讲坛前，拿出了那个红色的小钱包，他将里面的0.75元钱拿出来，讲述了艾蒂的故事，在场的每一个人都为之动容，述说完艾蒂的故事之后，牧师又将这些硬币一个一个郑重地放回了钱包里。

礼拜结束后，有一个来宾走上了讲坛，他表示自己想要为修建教堂贡献一点儿力量，他想要提供一块土地，"只要支付0.75元的价格！我就将这块地卖给您！"在场的人都为之欢呼鼓掌。几天后，这个故事被城市各大媒体报道出来，随后来自于各地的支票源源不断被送到教会中。

有了太多好心人的帮助，几年后，一座能容纳三千多人的教堂建成了，当访客们参观着这座宏伟的教堂时，他们都能听到一个流传已久的故事，一个小女孩倾尽所有，只为了让更多的人来到教堂中，感受神的力量。这个小女孩，让世界变得很不一样。

这座教堂的存在，就是让人们知道，只要你想，只要你去做，就一定会让别人的生命变得更加美好。

玫琳凯说过："每个人的心里都有一颗伟大的种子，这颗种子需要栽培。"一颗爱心的种子在心里发了芽，有了阳光雨露的沐浴，很快就会成长为参天大树，玫琳凯和公司员工就是这颗爱心种子的肥沃土壤。

1996年，玫琳凯创立了玫琳凯慈善基金会，从基金会踏出的第一个脚印开始，玫琳凯的爱心就洒遍了每一个角落。在美国，长期资助妇女癌症研究、防止暴力侵害女性等活动；在中国，开办了玫琳凯妇女创业基金、春蕾计划、下岗青年再就业培训计划等等。

"春蕾计划"是玫琳凯公司比较有意义的一个慈善项目，这是以帮助西部小学贫困女学生为主的一个项目，为她们提供接受教育的机会。特别的是，这不是以公司名义捐赠的，而是许许多多美容顾问们自发捐赠的。当时在"春蕾计划"刚刚开始的时候，有一组玫琳凯公司员工赶赴贫困山区拍摄的纪录片被放映出来，给人印象深刻的就是那一段纪录片中的镜头，那些偏远山区的孩子们因为失学而迷茫，她们用一双双渴望的眼神望着镜头。有一个孩子说："因为家里很穷，妈妈不让我去读书了，但是不读书我什么都做不了！"小女孩说着说着就哭了。

这组短片被播放之后，很多经销商络绎不绝地来到春蕾班募捐站，成百上千元钱被投入到募捐箱里，还有一位经销商一口气捐助了50名失学儿童，她们都在用自己的行动诠释着玫琳凯公司特有的爱心精神。

作为一项长期坚持的慈善事业，玫琳凯希望加大力度，让更多的贫困女童得到资助，在黄金年华里继续学业。2004年，玫琳凯公司在原有的对春蕾计划贫困女童捐助的基础上，又与全国妇联商定，委托儿童基金会使用玫琳凯和员工们的捐款建立"玫琳凯爱心基金"，并且又向这个基金会捐助了100万！

美丽是人人都想追求的，尤其是自信的美丽和有爱心的美丽。玫琳凯公司不仅仅教会女人如何从外表上变得美丽，还教会她们怎样从内心变得美丽。

进驻中国以来，万千的中国女性也因为玫琳凯这一品牌实现了自己的梦想，但是，玫琳凯很快就发现中国的家庭暴力状况是不太乐观的。

2002年12月，玫琳凯化妆品公司与公司中国总部所在地区的上海妇联合作，成立了"上海市玫琳凯反家暴热线"，目的在于为中国女性和家庭提供婚姻、家庭等方面全方位的资讯服务。事实证明，这条热线为很多饱受家暴的女性提供了很多帮助，反响强烈。在此基础上，公司决定，再捐100万元人民币，携手全国妇联，设立全国性的"全国妇联——玫琳凯反家暴热线"。在各个省市实施运行后，得到了良好的社会反响，于是，全国统一的号码很快就公布出去——16838198。2007年5月，在全国"创建平安家庭，促进平安建设，构建和谐社会"的高峰论坛上，这条热线被正式更名为全国妇联玫琳凯"平安家庭·玫好家园"公益服务热线——4006012338。

全国统一的反家暴热线开通为生活在家暴阴影下的万千女性送去了一丝温暖，更意味着中国在保障和维护妇女儿童合法权益的道路上又迈出了坚实的一步。越来越多的有志人士加入到反家暴热线的工作中来。这一条热线不仅仅是维权热线，更是一条爱心热线。

玫琳凯公司用行动来证明，让他人的生命变得美好起来，整个世界都会一片光明。

2. 成功的公式

一个人的目标，取决于自己想要的成功是什么。比如，一个热爱旅行的人，环游世界是她的毕生愿望，当她环绕着世界走了一圈之后，她看到了别人不曾见过的美景；一个积极乐观的人，她可能最希望给更多的人带来欢笑，她会用她的热忱和激情来感染其他人，也许她会成为一位著名的演说家。

没有人可以靠一时的冲动而取得成功，失去了恒心，没有了坚持下去的毅力，一切皆是空谈。以恒心为轴，带着时间沉淀下来的经验、谨慎、智慧、变通，才能获得巨大的力量。

失败者和成功者的最大差别是什么？

首先在于勇气和信心，也就是坚信自己能行的信念。当年，哥伦布开辟了一个新世界，他没有前人的经验，没有任何可以参照的坐标，他首先相信的，就是自己的信念；居里夫人打开了化学世界一扇新的大门，她拥有的是想要填补化学空白的"信心"；贝尔用一只听筒改变了全世界的"声音"，他的信心就来自于对远距离交流沟通的梦寐以求。而玫琳凯对于自己的梦想，一直都是坚定而执着的，她觉得只要有决心和愿望，并且在工作中自我提高，任何一位女性都可以在职业生涯中取得成功。

在销售世界里，第一步要做的，不是将产品卖给其他人，而是先百分之百地销售自己。自己是自己的最大推手，最大主宰，也是最大敌人，只有完全将自己销售给自己，才是开启直销事业的起点。在整个玫琳凯公司发展的过程中，玫琳凯始终把自己当作最大竞争对手。在推销自己的过程中，就如同玫琳凯在最开始为自己梦想公司列出清单一样，无论想要采取什么样的行动，都要有计划。就好像是要到一个城市去度假必须要有一张交通地图一样，这是让人开阔眼界、学习新东西的好时机，这也是让生活充满乐趣的一种方式。

玫琳凯从小就受到了母亲的鼓励，那一句"你能做到"总是在激励着她，于是，在追求梦想的过程中，她总结出了三个先决条件：首先，要选择一个热爱的工作；其次，像度假一样地计划出自己的工作日；最后，必须准备在职业生涯中期待激动和乐趣。

推销自己，是找到工作的第一个环节，首先，你要真实地估计自己的能力，还要问自己一系列的问题：你拥有的精神财富是什么？你最能做好的事情是什么？你最想做的是什么？什么样的工作可以让你每天都是充满活力富有激情的？把这些问题和你心里的答案都写在纸上，你会发现自己内心很多不曾了解的地方，这才是真实的你自己。只有彻底地了解自己，才能知道最适合自己的工作和成就是什么。当然你罗列出来的问题也在帮你改进一些缺陷，也许是继续深造，也许是关于安排家庭的责任，也许是改变现有的一些看法，无论怎样，自己问自己问题，有很大的帮助。

当你明白自己想要的是什么，那就说明你已经知道自己要选择的职业应该有什么样的标准了。

也许，选择一项自己喜欢的工作是既简单又困难的一件事，因为这个社会有很多的工作岗位，但并不是每一个岗位都可以体现人生的价值，如何去发掘内心的自我才是关键，玫琳凯一直都将这样的发掘任务"寄托"在列清单上，她会为每一种决定列出优点或者缺点，这样每次总结的时候就知道自己成功与否。玫琳凯带领自己的公司在发展的道路上一步一个脚印地前行，她亲自浇灌着自己的梦想之花，看着这朵花一天天成长、开花、孕育果实。

选择一份热爱的工作，快快乐乐地做下去，很多人都会被不同的事情激励，而且玫琳凯一直坚信有钱的人未必快乐，那些真正热爱自己工作的人才是最快乐的。想想那些不热爱自己工作的人，在每天24小时中，睡觉需要8个小时，工作需要8个小时，剩下的8个小时才是娱乐的时间，如果你对自己的工作讨厌的话，抛去不开心的8小时，还有剩下的16个小时，你也会被坏情绪所困扰。选择自己喜欢的事物，就是快乐人生的开始。

选择工作很迅速，但是做好一份工作不仅仅是快速有效那么简单，工作中总是会有一些窍门的，比如热忱和自信，工作中的一些专业知识是可以学到或者积累到的，但是，长久地拥有一份对工作的热忱也是需要很多精力的，工作中一定会接触到各种各样的人群，并不是每一类型的人我们都可以接受得了。如何保持随时随地的热忱，需要你自己去发掘。

如果你想开创自己的事业，你必须要知道工作中会有很多的困难，它们都是阻碍你走向成功的绊脚石。每一个人都会有失败的时候、失意的时候、垂头丧气的时候，坦然地接受，还是果断地放弃，承认失败，这就是成功的分水岭，乐观的人不会太在意这样的失落，跌倒了就爬起来，想想自己为什么会跌倒，下次就知道如何避免这样的窘境。而悲观的人却一直想着如果没遇到这块石头，那么自己就会走得更成功。空想和悲观与成功永远都水火不容，如果你只会空想，只会悲观，那么挑剔的成功永远都不会降临在你的身上。

成功的人都有这样一个共同点，他们都很外向，也许他们本来不是那么的乐观外向，但是在追求自己梦想的道路上一定会喜欢上阳光。不阳光的人接受不了挫折，不阳光的人不知道自己一天的开始应该从什么时候。早晨是清醒的，就如同每一天的新开始一样，成功喜欢阳光明媚地给人们指引方向，当你制定了自己的目标，你要看看外面的阳光，一定是如此灿烂的。

每一个人心中都有不同的成功公式，成功是一个不断改变的概念，我们的目标决定了我们会取得什么样的成就！

3. 最重要的工作

人们每天都要处理很多的事情，但是，有些人却把时间浪费在很多微不足道的小事上。分得清生命中什么是重要的，什么是微小的，这样才会有更多的时间更多的精力来达成自己的目标。

知道自己生命中最重要的工作是什么，那就是有了奋斗的目标，有了目标，就有了计划，如何计划好自己的生命，很多人都在思考，但是据说在这个世界上，只有百分之三的人在生命中有着明确的工作或者成就计划，百分之十的人对自己的目标有着很明确的概念，百分之五十的人曾经想过，剩下的百分之三十七的人，是想都没有想过的。

在直销行业中，那些取得过成功的人，大都是在最开始就为自己积极地设立目标的人，一个明确的目标就能激发人们正在昏睡的潜能；然而一个没有目标的人，只能盲目地前进，不知道终点是哪里，也不知道自己到底应该奋斗多久才可以停下来。这样盲目导致没有意义的行动，一切都是无效果的。

这就像是一个婆婆想要钩毯子一样，最开始是有时间就钩一点儿，结果几个月过去了，毯子好像一点儿都没有变长。一旦改变了角度，用规定完成目标的方式，计算一下每天大概要用多少时间来钩毯子，再定出一个大体的时间和最后完成的期限，这位婆婆只用原定时间的三分之一就完成了整个毯子。

玫琳凯因为这样一个故事而受到了启发，她知道自己的梦想如果要计算出来的话，会需要太久太久的时间，但是，她将自己的梦想细化成具体的工作，实现梦想就变成了一种享受。

不知道你是否注意到，大部分人对于规划假期时的活动总比规划自己的事业要仔细，每天忙碌的生活基本都是重复着的，起早去上班，下班就回家，一天又一天，等到一年过去，我们会发现自己还是站在原地，一点都没有前进。是时候下定决心改掉这个习惯了，设定一个长期的计划，限定自己在一定的时间内完成，然后再按照自己的能力把计划细化到每月每天，一点一点地完成。

人生目标，说大也大，说小也小，就看你的追求和想要的是什么。就像松下幸之助说的一样："成功者和失败者最大的差别就是成功者有目标，并且有决心完成它，没有目标就去追求成功，是等待失败！"

玫琳凯一直认为："每一位玫琳凯人都要有生活目标：一辈子的目标、一段时间的目标、一个阶段的目标、一年的目标、一个月的目标、一个星期的目标、一天的目标、一个小时的目标和一分钟的目标，还有为大目标而牺牲的小目标。"

如果你真的将自己的目标细化出来，你会吃惊地发现，一旦你的梦想被分成这样的小部分，它们就变成了生活中最常见的一些小事和一些细节。因为直销行业中很多直销企业都是按月计算员工们的业绩，所以，玫琳凯也鼓励和建议美容顾问们可以用自己短期的业绩和收入作为小目标，不同的职位和级别定为大目标，从而在这些目标中选择自己长远的目标。这个时间段可以变得很长，也可以因为自己的努力程度加以调整。

设定目标很重要，每一位美容顾问都可以与业务督导来探讨设定目标的可行性，最终确立一个适合自己的重要目标。当然，这个目标一定是你要做到的，而不是你能做到的。玫琳凯总是这样对员工们说："不要用过去来推算未来，因为过去不等于未来！"

每天早晨列出当天需要完成的6件最重要的工作，这是一个好的习惯，这会使每一天的工作都变得很有意义很有收获。

在玫琳凯早年作为斯坦利公司的培训人时，"列出最重要的6

件工作"是她学到的一个概念，那是在一场演讲会上，演讲者用慷慨激昂的声音讲述着关于成功和工作的目标。他说，有一位推销员埃米·李去拜访百利恒钢铁公司的总裁史韦伯，史韦伯很好奇为何这位推销员会找到自己。埃米·李说："只要让我和贵公司的每一位经理谈上15分钟，我就能够帮您改善公司的效率，增加公司的销售额！"史韦伯更加的好奇："那需要多少钱呢？"埃米·李说："如果没有效果，我绝对不会向您要钱的！但是，如果真的有效了，你认为这值多少钱，你就寄一张支票给我！这样公平吗？"史韦伯很好奇，于是他同意了这个请求。

埃米·李开始和每位经理谈15分钟，在对话的过程中，埃米·李一直都在强调这些经理们在每天工作结束的时候，要将第二天需要完成的6项最重要的工作罗列出来，并且按照重要程度从大到小排列编号，第二天的工作就按照这一份"列出最重要的6件工作"清单来做，每做完一项，就从清单上划去一项，如果当天有没有完成的工作，那就纳入第二天的工作表。每一位经理都要认真地坚持3个月。

3个月后，埃米·李收到了史韦伯寄来的支票，那是一张35000美元的支票，这是史韦伯见过的最有效率的一个建议，他没有食言，因为他觉得这是物有所值的。

一个价值35000美元的建议，必然是非常值得尝试的，玫琳凯也开始让自己坚持每天列出6件最重要的工作，亲手将这些工作写在纸上，用脑子思考一遍是非常容易的，但是这也容易导致忽视或者延缓去做这些工作。这时就需要你自己认清一个问题，也许当你仅仅是想象一下自己的工作，你不会觉得这有多么的重要，但是当你把这些工作落实到纸上变成清单的时候，你就应该知道这已经变成真格的了。

完成必要的工作，不仅仅需要列出清单，还需要整理好你的办公桌。

玫琳凯很讨厌在乱糟糟的办公桌上工作，她总是把自己的桌面收拾得十分整洁，每当她在晚上整理自己一天的工作任务时，她会把自己已经完成的工作计划或者文件都放到一个抽屉里，正在处理的工作文件放进第二个抽屉，而那些重要的工作文件需要反复审核的被放进第三个抽屉；这种处理方式让玫琳凯在每天完成工作时，桌面都是十分整洁的，这让人看着心情舒畅，觉得自己一天的时间都没有浪费。而一张乱糟糟的办公桌只会带来很多负面的情绪，比如不想工作、效率不高、忙中出错等等。因此，玫琳凯一直认为有一张干净的桌面是十分必要的。

每天早晨，玫琳凯来到办公室，秘书都会给她提供一份与"价值35000美元的清单"相一致的时间规划，在喝完一杯咖啡之后，玫琳凯就开始了一天的工作，她不会搪塞也不会选择性地工作，无论第一件是什么工作，她都会高兴地开始做，哪怕第一件事是要回复一封信，而且这可能会花费两个小时的时间，玫琳凯也不会没完成就进行第二项。每份文件只处理一次就完成，中间绝对不会有其他的内容插入，在拿起这份文件的一刹那，这就是目前最重要的工作。坚持完成手头的工作是一个好的工作习惯，有些人的办公桌上堆积着如山的文件，有的人拿起一份文件，因为不知道如何处理，通常会放在一边，过一会儿又拿起来，但是还是不知道怎么做，这通常都是浪费时间的，他们花在犹豫不决上的时间要比实际处理工作的时间多得多，因为他们不知道什么是最重要的，什么是积极有效的工作方法。

精确地决定你想要的是什么，你觉得最重要的工作是什么，写下你制订好的工作计划，然后全力以赴地去实现它。

4. 决心不平凡

成功并不取决于人的性别、肤色或者性格，而取决于你心中想要成功的意志和坚定的决心，意志力决定的是你的心态。

当我们的工作、生活有了目标，还需要有一点说做就做的勇气，目标还在纸上的时候，它只是一个单薄的平面，如果你立志去做一些什么事情的时候，决心才变得立体化，目标的追求永远推着我们向前，但是光有目标而没有决心，我们永远都迈不出第一步。

也许不论我们多么微小，只要我们下定自己的决心，朝梦想前进，那么，我们的成就也注定不平凡。

玫琳凯在斯坦利工作的一个例子，也许可以很好地诠释决心有多么的重要：玫琳凯刚刚在斯坦利公司工作两三个星期之后，公司在达拉斯召开年度会议，当时还是新人的玫琳凯也想去参加这一次年度盛会，她每个星期平均只能完成7美元的销售，所以她觉得自己更应该去听一听那些成功人士的心得，这就是一个很好的起点。但是来回的路费十分昂贵，还要加上在旅馆住三天的费用，玫琳凯没有那么多钱，她去一个朋友那里借了12美元，但是也听到了朋友的一番唠叨，朋友觉得玫琳凯不应该浪费这些钱在一个毫无意义的会议上，还不如用这些钱给孩子们买鞋子。

　　当然玫琳凯有了决心就一定要完成，她还是觉得这一次的行程是非常值得的。由于没有行李箱，玫琳凯用一只公司的陈列箱作为自己的行李箱，因为不知道自己所住的旅馆是否提供食物，玫琳凯为了节省开支还带了一磅乳酪和一盒饼干，而且由于没有多余的预算给小费，对于旅馆的门童帮忙提行李，回报的都是一声甜美的感谢。

　　尽管因为贫困而显得有些窘迫，但是，玫琳凯多年之后再回想起那次旅程还是觉得非常有意义。当玫琳凯看着舞台上的最佳销售员工被戴上漂亮的王冠，并且接受那个最高销售奖———一只漂亮的鳄鱼皮包之后，她觉得自己全身的每一个细胞都在向她大声宣告：真的特别想走上那个光芒四射的舞台！

　　整个晚上，玫琳凯一直盯着那个戴着漂亮王冠的皇后，即使因为地位的差异玫琳凯一直坐在最后一排，但是，玫琳凯知道这位销售皇后一定知道自己的目光焦点从来都没转移过。当时会上的管理层在发表演讲的时候，提到了一个销售原则，那就是"找到可以参照的范本"，斯坦利公司那时还没有什么销售手册，但是，玫琳凯知道自己只要找到销售皇后，就可以知道更多的销售方法了。

　　晚餐的时候，玫琳凯迫不及待去拜访了这位销售皇后，她用自己真诚的微笑和崇拜的目光，再加上诚恳的语言，恳请这位销售皇后能为自己上一次产品演示的课程。销售皇后欣然同意，然后，在一天之后的产品演示课堂上，玫琳凯做了整整19页的笔记。这些笔记日后都成了玫琳凯走向成功的跳板。

一旦你确定了自己的目标，那就不要犹豫，坚定你的信心，告诉别人你的打算，并付诸行动。设立目标很重要，同样重要的还有坚定自己走下去的决心，不论自己正处在什么样的困境中，不平凡的决心就意味着已经踏上了成功的第一步。

玫琳凯就是因为销售皇后的成功激励，所以设定了自己的目标，那就是当上第二年的销售皇后。她不希望这变成一个秘密，于是，在一次有一千多人的大会上，当着公司总裁的面，玫琳凯大声地说出了自己的工作愿望。当时，整个大礼堂的人都在安静地听讲，而玫琳凯就是这样正了正自己的帽子，走到正在演讲的总裁面前，说："明年我要成为销售皇后！"

总裁平静地看了看玫琳凯，然后伸手和玫琳凯握了握手，笑着说："我相信你能做到！"

最终，玫琳凯在第二年真的得到了销售皇后的桂冠，但是奖品却不是那只漂亮的鳄鱼皮包。要知道，玫琳凯当初下定决心，很大程度就是因为这只昂贵的鳄鱼皮包，那是玫琳凯工作一年都买不起的，她甚至为了激励自己，在自己的包里放了一张与奖品鳄鱼皮包一模一样的照片，以便于时刻提醒自己去实现自己的目标，好好奋斗。

不过，在获得了销售皇后的桂冠之后，玫琳凯忽然觉得没有鳄鱼皮包也是一样，也许鳄鱼皮包就是一个动力，促使她向梦想飞奔而去。她在奋斗的过程中，享受到了成就自己的美好感觉，这是一款鳄鱼皮包永远都比拟不了的。

物质层面的满足永远都比不了精神层面的富有，而玫琳凯是因为这样的一个决定，享受到了更多的奋斗乐趣和拼搏的疯狂。

决心是一个催化剂，它将我们体内的潜能变成一种动力，让我们去为事业而动起来；它将我们的思想变成活泼的氧气，一遇到合适的机会就会产生化学反应，释放出巨大的能量。

如果一个人选择了适合自己的职业，如果一个人可以仔细地计划自己达到目标的步骤，那么工作的乐趣一直与你相伴！最重要的是，要有一颗不甘于平凡的决心！

5. 放飞你的梦想

这个世界上所有的成就都是开始于一个个梦想的，无论多么伟大的成就，只要你愿意为成功付出任何的代价，那么任何的梦想都可以成真。

把你的梦想变成脑海中的图像，然后你心灵的眼睛要看到世间万物，不管你的梦想是什么，除了你自己，没有人能够阻挡你追求梦想的脚步。"永远不要说我做不到"，这是玫琳凯为员工们做培训时说的第一句话。只要你有梦想，那就勇敢地去实现它，千万不要说自己做不到。

玫琳凯的梦想开始于一家只有46平方米的小店面，当她开始自己的事业时，几乎所有人都认为这是不可能的，但是，她没有被"痴人说梦"这个词吓倒，她觉得自己的梦想一定可以开花结果，事实证明，她真的做到了。

梦想不分先后，也不论大小，当你在成长的时候，最先接触到的就是梦想，比如你会在幼年时幻想着自己未来的职业，你会在期末考试时计划着马上到来的假期怎样度过，你也许还会憧憬一下自己将来想要过的生活……无论你在自己的内心为自己画了一个怎样的王国或者小屋，那都是你梦想的形状。

有了梦想的雏形，你才会知道自己接下来奋斗的目标，然后构思如何去完成这个目标，用什么样的方式去完成，用什么样的心态去面对逐梦过程中的挫折、失败，没有了梦想，这些也都随之消失了。梦想是我们生活的催化剂，是工作的动力，是快乐的源泉。梦想生发了我们的希望，让生活全都变成了金色的。

与世上所有的成功一样，虽然路途千差万别，但梦想是不可或缺的。直销需要有一颗敢于梦想的心。否则，半途而废将是不可避免的命运。一个真正优秀的推销员，敢于坚持自己的梦想不放弃，哪怕这个梦想当初被很多人嘲笑，被很多人误解，只要他敢放飞自己的梦想，那么就会收获一片蓝天。

某家媒体的一位主持人在直播节目的时候，为观众讲述了这样一个故事：某一次他去美国旅行，自己一个人走在街上的时候，这位主持人看到一辆货车停在路边，他发现这辆车十分的漂亮、气派，虽然车上有很多的货物，但是非常的干净，而且在车上还有很多的小挂饰，看得出来，车主对于自己的车非常爱惜。凭着职业的好奇心，主持人找到了车主，他想和这位车主聊一聊。车主大概40岁，戴着棒球帽，穿着半袖牛仔，当他知道这位主持人对自己的车感兴趣时，他顿时很高兴地拉着主持人去参观他的爱车。

进到货车中，主持人很惊讶，因为在车厢内，有一个小小的卧室，里面摆放着一张床，一台笔记本电脑，还有电视冰箱和小沙发，虽然空间很小，但是家具很齐全。最不可思议的是，车里还带有一个卫生间，也可以洗澡。主持人很羡慕地说："这辆大货车都被你改造成房车了！就像是一个流动的家！"

车主很骄傲，他说这就是自己的"家"，这辆车和他走遍了全美国，这辆车代表着他的理想。

他对主持人说："在我6岁的时候，我就有了想驾驶一辆大货车走遍世界的念头。我没有那么多崇高的理想，我不想当科学家，不想当医生或者教师，我只是喜欢这种到处走走的感觉。在我小的时候，我有一辆玩具卡车，那时我就在想，早晚有一天，我一定会拥有自己的大卡车的！然后我就带着我的'流动的家'走遍全世界！"回忆着过去，这位40岁的车主好像被触碰了心底最柔软的地方，他忘情地说着："中学毕业之后，我就报考了汽车学校，在学校里我学习如何组装汽车，修理汽车，当然还有驾驶汽车，后来我就去了一家汽车运输公司，我也终于实现了我梦寐以求的梦想！"

说起汽车，这位车主的表情一直都是喜悦而幸福的。梦想从来都不分大小，不分贵贱，有梦想的人并为之奋斗而实现的，都是生活中的巨人。

坚持自己的梦想，不是去尝试，而是踏实地去做。就像是玫琳凯告诉员工们的那样，实现梦想的第一步就是下定决心去做，如果只是尝试一下，那是无关痛痒的。梦想都有着坚硬的外壳，需要你用尽全身的力气去打破那层束缚。比如，恐惧。

恐惧是人类的天性，与之相伴的，还有忧虑，如果说恐惧心理是一条小溪，那么忧虑心就能让恐惧心变成江河，将梦想的憧憬冲击得体无完肤，直接后果是灰心和沮丧，最后变得自信心全无。

恐惧心也是一把放大镜，它会无限制地扩大我们的自卑和逃避念头，让原本完美的一切显得有些丑陋，事实上，我们担心的事情有百分之九十不会发生，因为人类会本能地对未知的事情产生多虑的恐惧，解决这种问题的最好方法就是直面自己的不足，勇于实践，勇于改正。

我们需要勇气来面对未知的事物，如果你大胆地去一探究竟，你会发现，原本让你恐惧的模糊影子，也许只是路边的一棵树投下的阴影，有阴影并不可怕，那意味着你的身边有着充足的阳光。

做一个推销员，直面恐惧更是非常有必要的，推销员们需要和客户们打交道，需要不时站在舞台上演讲，更需要为自己塑造一种自信的形象，这样才会将自己的产品更好地推销出去。还有一种恐惧，那就是自我低估，由于种种的原因，越来越多的人陷入了这种焦虑的状况中，他们总觉得自己的能力不如别人、自己是不行的，事实上，人类能力的差别并没有多大，之所以你看到了差距，那是你还没有发现自己的潜力和如何发掘潜力。

你只要记住，为了实现你或者别人觉得的"不可能"的梦想，你必须要有一种强烈的动力来驱使自己，你要竭尽全力做得比任何前辈都要好，只有这样，你才知道你的能力其实是无限的。

你也需要有一整套的计划去实现你的梦想，而这一切，只要你有决心，有决心放飞你的梦想，一切不可能都会成为可能！

第十章　我心深处

1. 著书立说

一个人，总是需要有几本温暖心灵的书籍、几本追寻梦想的书籍，还要有几本陪伴自己一直奋斗的书籍，而玫琳凯，就是一本迷人而引人入胜的书籍，让人不忍放下。

玫琳凯从小就喜欢书籍，她对于书籍的渴求达到了痴迷的程度，凡是有字的她都要读一读，从小，玫琳凯最喜欢的就是做完家务，等待母亲回家的那一段时间，因为她只有这个时候可以休息一下，看看自己喜爱的书。

等到玫琳凯长大之后，更是对书籍爱不释手，她的办公室有一个大大的书架，里面全是玫琳凯爱看的书籍，而且在玫琳凯的家中，还有好大的一间书房，对于玫琳凯来说，无论多忙她都要抽出时间来读书，因为书籍是玫琳凯智慧的来源，书籍是玫琳凯精神的支撑。

同样也是书籍，带领玫琳凯走上了销售这条道路。当玫琳凯还是一个年轻的家庭主妇时，她知道热忱精神可以鼓励人们去拼搏，但是那时的她还不知道销售是怎么一回事呢。正巧，有个名叫艾达·布雷克的销售员到玫琳凯的家中推销一套《儿童心理文选》，玫琳凯仔细翻看了这套书，很有意思的是，这套书让玫琳凯也赞不绝口，因为在书里每一个故事都有一个主题，同样的在故事的最后还有解决这个问题的方法和潜在的寓意，玫琳凯觉得这套书写得非常好，它简直就是为每一位母亲而写的，因为它能帮助母亲去教导孩子怎样分析对错，但是玫琳凯看过之后，只好对这位推销员说："对不起，我买不起这套书！因为我的钱不够！"那个时候，玫琳凯的丈夫刚刚辞去了一份货运的工作，全家人的温饱问题都得不到解决，何谈这种有点儿昂贵的精神食粮。

玫琳凯告诉艾达，她一定会尽快地存钱将这套书买下来，因为玫琳凯实在太喜欢这套书了，她不想让自己的孩子们错过这么好的受教育的机会。艾达听了玫琳凯的解释之后，笑着说："听我说，玫琳凯！要是你能帮我卖出去10套书，我就将这套书送给你！"这对于玫琳凯来说，是一件非常值得的事情，玫琳凯高兴得简直要跳起来，而且她也没想过怎么去卖，她只是打电话给自己的朋友们还有学生的家长们，她的方法也很简单，她只是用她的热忱来介绍这些书。结果是惊人的，因为不到一上午，玫琳凯就将10套书销售出去了。等到艾达下午回到玫琳凯的家中，她觉得简直无法相信，玫琳凯为她联系了一大堆顾客，她们都等着拿到自己的订单呢。

艾达惊奇地问玫琳凯："这些书很难卖，你是怎么做到的？"玫琳凯也不清楚自己到底做了什么，她只知道自己想要那套书，而她正是为了这套书而努力，所以她做到了。

艾达有了新的想法，她对玫琳凯说："我希望你能为我工作！你愿意吗？你有汽车吗？"玫琳凯觉得这是一个很不错的主意，她答应了这份意外得来的工作。家里只有一辆汽车，还要给玫琳凯的丈夫用，于是，艾达每天开着车，带着玫琳凯去郊外销售那些书籍。一天下来，要敲几百户人家的门，但是却一套书也没卖出去。那时，玫琳凯并不知道自己卖出去的10套书都是因为她的热忱。

玫琳凯传

后来，玫琳凯学会了开车，也学会了一些销售经验，她很感谢艾达，让她在两三个月内卖掉了价值25000美元的书籍，赚取了百分之三十到百分之四十的佣金。

如果没有艾达，那么就不会有后来的玫琳凯化妆品公司，不会有玫琳凯今天的成就。玫琳凯在推销图书的过程中，也发现了很多问题，比如自己的朋友们在购买了这些书之后，会对玫琳凯有一些抱怨，当然这并不是产品的问题，而是因为玫琳凯的当时推销的那种热情让他们不得不买下这些对他们根本就没有用处的书。玫琳凯知道有一部分原因是大家的懒惰使然，但是那些书就真的那样浪费了吗？玫琳凯在这份工作中，明白了推销的一个道理：教会顾客们怎样去读懂他们买下的书籍，也就如同一份产品说明书一样。推销员不仅仅是将产品销售给顾客们，还要让顾客们知道如何使用产品。

书本似乎一直和玫琳凯结下了不解之缘，因为书，玫琳凯接触到了自己一生追求的梦想事业——直销。也是因为书籍，让玫琳凯很多次走出阴霾和低谷。在与第一任丈夫离婚之后，《思考致富》这本书给玫琳凯带来了温暖和帮助，拿破仑·希尔的观点让玫琳凯很是受用，她非常喜欢书中的一句话："只要可以想象得到、并值得相信的，便是可以做到的！"

同样也是因为书籍，让玫琳凯坚定了创办玫琳凯化妆品公司的决心。正是因为看了很多书籍的原因，玫琳凯从书本中得到了太多太多关于梦想和成功的含义，许多名人的经历和人生都让玫琳凯感同身受，她觉得成功是一种荣誉的象征和结果，但是如果没有努力拼搏的过程，什么梦想都不会成真。名人名家的遭遇让玫琳凯离开自己工作的岗位之后陷入了深深的思考，她审视自己的过去，想着自己还有什么能量可以释放，在看到女性地位日趋低迷的时候，她知道自己一定要为自己的女性朋友们做点儿什么了。看过许多名人的人生，让她立志在当时异常艰难的情况下，创办了自己的梦想公司，并且取得了辉煌的成就。同时，在创办了梦想公司之后，玫琳凯更是阅读了大量的商界精英的自传和经商之道的书籍，这让玫琳凯眼界大开，她深知自己所了解的商界仅仅是冰山一角，更多的商机还是在等待发掘的。玫琳凯将自己读到的许多知识融汇到了公司的发展中去，事实证明，这些经验和思想都有其闪光点，为公司的发展提供了更多肥沃的土壤。

渐渐地，玫琳凯的心中有一个想法在生根发芽，她想要把自己的人生和经历也变成一本书，将公司的经营理念和文化理念都写到书中去，为更多想要追求梦想的人提供更好的帮助，事业上的成功已经成为一种定格，为何不让更多的人来看见这种成功的模型？那些已经实践过的经营理念和管理心得也都是难得的成功范本！

1981年，玫琳凯·艾施的自传出版了，各大出版社都对这本书做了编译，到现在，这本书已经在世界各个国家发行了几百万册，随后又出版了《我心深处》、《玫琳凯谈人的管理》和《你可以拥有一切》等等畅销书。由此可见，玫琳凯的荣誉已经被全世界所知，她的精神在全世界的范围内扩散，越来越多的追梦人都开始以玫琳凯为榜样，玫琳凯的公司也成了追逐梦想的温床。玫琳凯所建立的文化理念和管理理念也被大众所熟知，人们惊叹于这位女性的传奇经历，也为她的管理经验所倾倒，就如同万豪国际集团董事长马里奥所说："玫琳凯·艾施是最善于激发员工的企业领导人之一，她始终明白员工对于企业的重要性，明白员工能为企业创造的价值！……玫琳凯·艾施也知道，当领导把员工放在首位、认可员工的付出的时候，员工就会表现得很出色！"

事实上，玫琳凯的书中对于管理经验的阐述早已经超越了管理学范畴，因为，这本书中的道理只有一个核心点，那就是关注"人"这个企业最根本的元素。关注怎样去尊重别人，怎样重视别人，怎样帮助和爱护别人，也正是这个核心，让上千万的女性对玫琳凯有了绝对的支持。

玫琳凯的管理思想，无论什么时候阅读，都能够像一根火柴一样，点亮我们脑海中关于自信和梦想的那一根导火索，思想和思想碰撞出火花，经典的激励在每一个人心中都释放出巨大的能量！

2. 美丽的离去

玫琳凯说过："每一个公司都会有自然人的更替——这是人类生存的特征，一个公司会因为它自身的宗旨而保持强大，而一个有着明确宗旨的公司可面对一切。尽管玫琳凯化妆品公司的创立源于一个女性的梦想，但它已长期而独立地存在着。玫琳凯公司建立在一定的价值观和原则的稳固基础上，它的延续已不再依赖任何个人……"

商界有着最基本的生存法则，一旦一个企业成就了辉煌，那么它就一直矗立在那里，不会因为一个人的离开而倒塌；自然界是一个整体，也是一个很有规律的世界，所以，我们很难避免生老病死。

1987年，69岁的玫琳凯觉得自己的身体有些不适，于是她开始退居幕后，成为玫琳凯化妆品公司的名誉董事长，将更大的舞台空间留给自己的儿子理查，理查担任公司董事会的主席和首席执行官。

玫琳凯操劳一生，创立了一个梦想的帝国，当这梦想正如同美丽的阳光一样照耀着千万女性走向更大成就时，她却默默地走下了舞台，回到了自己平静的生活中，看看书，喝喝茶，晒着阳光，回忆自己的辉煌岁月，也是一件美妙的事情。

2011年11月22日，83岁的玫琳凯·艾施在达拉斯的家中去世。这一消息震惊了全美，人们不能相信永远都爱为梦想买单的追梦人玫琳凯就这样离开了她深爱的梦想世界。美国国会降半旗志哀，世界各大媒体纷纷报道："女性事业的典范开拓者去世了！"玫琳凯化妆品公司的总裁理查说："这个世界从此失去了一个伟大的女性，一个充满爱心与活力的商业领导人！"

一个一生都在追逐梦想的人，最终如同美梦一样沉沉睡去，不知她在天堂里是否依然会为上帝和天使的梦想买单。各大媒体给予玫琳凯极高的评价："玫琳凯·艾施是当今世界上极为少数的对世界商业形态产生重要影响的企业家，同时也是一位伟大的商业女性，她不仅成功地建立一个自己的商业王国，而且还开创了妇女发展自己个人和事业的新天地，她的成就堪与任何一位妇女解放运动的领袖相媲美！"

玫琳凯的确是一位全美乃至世界商业界的一位传奇女性，在她成立自己的梦想公司前后40年的时间里，她创造了直销历史上的奇迹：把一家小小的名不见经传的小直销公司变成了足迹遍布37个国家的跨国企业，她让自己和上千万女性的梦想变成了一座座耸立的高楼大厦，矗立在每一座城市中，她的名字被刻成了招牌，在美丽斑斓的霓虹灯中，闪烁着耀眼的光芒。作为拥有员工85万名、年营业额达到25亿美元的全美最大的护肤品直销企业，它变成了全世界直销行业的一个榜样。

如今，作为美国最大的皮肤保养品公司，以及第二大化妆品公司，玫琳凯的保养品销售量也已经是美国同业中的翘楚。

在玫琳凯的追悼会上，时任美国总统夫人劳拉·布什亲自为玫琳凯·艾施致悼词，她这样评价玫琳凯："玫琳凯女士影响了整整一代美国女性的命运，比黑人女权运动所解放的女性还要多，无论公司还是她本人，在国际上都是享有盛誉的。她是一位维护真理的女性，美国就是因为许多这样的人才得以强大！"

美国销售协会总裁汤姆·华特利也表示："玫琳凯·艾施的离去使我们每一个人都深深地沉浸在失去精神基石的悲痛中，然而，令我们感到欣慰的是，玫琳凯服务女性的事业正在全世界不断地发展，通过向女性提供从未有过的个人和事业成长的机会，玫琳凯正在改变着数百万女性的人生！"

这种种评价一点儿都不为过。在当时一向都是男人为主的工作世界里取得了巨大的成就，玫琳凯也因此被称为当今世界有史以来最成功的女企业家。美国的《福布斯》杂志还将玫琳凯与美国石油大王洛克菲勒、汽车大王福特、迪士尼创始人沃尔特·迪士尼、微处理器之王格罗夫、微软创始人比尔·盖茨、金融大亨摩根等人相提并论，他们都被称为是200年以来20位全球企业界极具传奇色彩并获得了巨大成功的人物，而玫琳凯是这些伟大人物中唯一的一位女性。她用自己传奇的一生改变了西方职业女性的地位，甚至是世界女性的地位，即使她离开了，她仍然为这个世界留下了太多太多新的梦想和希望。

3. 爱的种子

人生就犹如一场旅程，梦想就是旅程的风向标，永远引领我们向着光明的方向。也许有一天，我们的旅程会悄然结束，但是，不要忘记，那些曾经发光过的梦想，还在闪烁着耀眼的光芒。

在漫长的生活之旅中，玫琳凯经历了太多的苦难和挫折，家庭的困苦和第一次婚姻的失败，让她从一个小女孩成长为明事理的成熟女性，但是这并没有让玫琳凯失去对生活的信心，没有失去对家庭的责任心和对梦想的追求。当我们翻开玫琳凯一生的相册，我们看到的都是穿着漂亮服装化着精致妆容的玫琳凯，那些色彩夺目的华服和雍容华贵的举止，还有永远都不变的热情的笑容，总会让人心生温暖和勇气。在玫琳凯离开这个世界的时候，她留下了太多的回忆和光环，留下了那些永远都抹不掉的关于梦想的向往。

玫琳凯很少谈论自己的年龄，如果真的有人问起，她会笑着说："女人总是对年龄很敏感的，如果你真想知道，我会说，我一直都觉得自己才24岁！"玫琳凯就是一直保持着自己的年轻心态，才会对于梦想和希望坚持自己的热忱，也会让她在离开这个美丽的世界时，留下了一个永远青春的事业。

有很多的商业分析家曾经问过玫琳凯："玫琳凯化妆品公司到今天是商业上的奇迹，当然到目前为止公司一切进行得很顺利，但当你离开之后，会发生什么样的变化呢？"

玫琳凯觉得自己的离开并不会对公司正常事务带来太多的影响，因为她知道一个企业的成功与否最开始也许会依赖一个关键人物，但是，玫琳凯化妆品公司从建立开始，已经走过了漫长的历程，公司的销售队伍从最开始的几人发展到上千万人，这个速度是惊人的，然而这个数量还在迅速增大，在20世纪70年代末期，玫琳凯化妆品公司就已经不是一个或者几个领导人统治的公司了，这样的发展结果让公司内部的每一位领导人都很欣慰。这也让玫琳凯觉得自己的努力并没有白费。

玫琳凯曾经说过："你为他人所付出的一切，最后都会回到你自己的生命中！"

玫琳凯带给世界一个大大的粉红色的梦想，于是，这个世界还给玫琳凯一只美丽的王冠，那象征着荣誉和成就，象征着玫琳凯自己的梦想点亮世界的黑暗。玫琳凯化妆品公司并不是美国唯一一家被认为由个人来领导的公司，很多美国企业的创始人都是非常有阅历和思想的，他们都是白手起家，将自己的梦想寄托在一个企业上。比如福特汽车公司被很多人认为，如果没有亨利·福特，那么企业不久之后就会垮下去；还有当时刚刚发展起来的杜邦化学公司，当这家企业被一个家族掌管150年之后，一个外来的领导要接管公司，很多人也认为这家公司末日将临，但是，这家公司现今已经成了世界最大的化学品公司之一。

正如玫琳凯所说的，一个拥有良好企业文化和管理氛围的企业经得起任何变化。假如一家企业为失去创始人而苦恼的话，那么只能说这家公司没有良好的企业文化精神和管理制度，这家企业的创始人也没有做好自己的本职工作，不能建立起一支良好的管理队伍。

玫琳凯虽然离去了，但是她留下的黄金法则、管理方式和追逐梦想的精神都可以继续帮助下一任管理者们将公司打造得更完美。因为玫琳凯深知，领导者的正确价值观能够激励他的追随者，一个企业良好的文化理念是多少金钱都买不到的！

就像是玫琳凯在一次访谈中说的那样："每一个公司都会有自然的人员更替——这是人类生存的特性。一个公司会因为他自身的宗旨而保持强大，而一个有着明确宗旨的公司可面对……无论如何，总有一天我会不在这里，当那天到来时，我知道我们的全国业务督导会在我的位置上继续很好地贯彻这些思想。因此，我知道无论未来会发生什么变化，我的宗旨会永远传播下去！"

玫琳凯化妆品公司的创立源于一个女性的梦想，随后这个梦想变成了全世界上千万女性的共同梦想，那就是对于事业的渴求和成就的追逐。玫琳凯虽然离开了，但是她的精神却被永久地保留下来，就像是一颗爱的种子被种植在梦想的土壤中，随着四季的变换，逐渐成长为参天大树。玫琳凯所提倡的"黄金法则"、"丰富女人生命"的使命和"热忱精神"等等，都成了公司的宝贵的遗产：

首先，你希望别人怎样对待你，你就要怎样去对待别人。这样一条黄金法则也是最重要的，这是一种与他人分享快乐和关心的精神，虽然当时很多人认为这是不会有效的，但是玫琳凯始终认为这是十分可行的方法。事实证明，这样一条黄金法则成了玫琳凯化妆品公司行之有效的管理方法和推销原则，不考虑时间和回报而将自己的经验和快乐分享给别人，这是每一位玫琳凯人都乐于去做的事情。这也成了玫琳凯人的标志。

其次，上帝第一，家庭第二，事业第三也是玫琳凯人一直坚持的法则。对于很多美国企业来说，这样的说法似乎是不可行的，但是对于玫琳凯来说，这个精神是一种信仰和梦想结合的体现，这并不是将顺序颠倒了，而是一种人性化的管理方式，就如同将员工放在第一位一样，家庭对于每一位员工来说，都是无可替代的，并且员工们努力工作也是为了家庭。所以，从员工的角度出发，家庭要放在事业的前面，恰到好处。

最后，也就是玫琳凯一直所坚持的热忱、快乐，它们就像是一块布丁，香甜的味道和柔软的外表总会吸引太多人来寻找，也许这一块布丁很小，但是那种甜美幸福的味道总会让人回味很久。用一种热忱的态度来面对生活中的每一天，不要害怕挫折，不要害怕那些不可预知的未来，只要你用微笑去面对生活和工作，那么你遇到的一定都是甜美的光明。

玫琳凯一直认为："如果一个是能激起热情的平凡主张，另一个是不能激起热情的非凡高见，显然前者要更值得推崇。因此，管理者必须能够激起部下的热情，而要实现这一目标，管理者本人必须首先要有热情。"

根据一家权威机构的统计，直销事业是女性成功率高于男性的唯一行业，而玫琳凯公司正是这些直销企业中的佼佼者。在玫琳凯去世后，有很多媒体和公司领导者分析过玫琳凯化妆品公司未来的发展，无论从哪个渠道来看，最终都会得出一致的结论，那就是：未来，作为一份女人帮助女人、女人影响女人的完美事业，玫琳凯化妆品公司会在原来的基础上，为更多的女性带来比化妆品更美丽的改变。

玫琳凯·艾施作为玫琳凯梦想王国的缔造者，作为直销事业的皇后、成功女性的典范，她用自己的一生传奇和令人惊叹的成就，在世界的商业历史中留下了光辉灿烂的一笔。

她的非凡故事成了美丽的画笔，成就了当今世界一段不朽的传奇！

附

录

玫琳凯生平

1918年5月12日，玫琳凯出生于美国德州霍特维尔斯小镇，她从6岁开始照顾患肺结核病卧床的父亲，母亲则在一家餐厅中每天工作14个小时。母亲对生活非常乐观，几乎在所有的事情上都给她鼓励，从学校的功课到课余时间卖小零食赚钱，"你能行"是妈妈最常说的一句话。这种自信一直陪伴了玫琳凯的一生。17岁那年，由于生活所迫，玫琳凯和当地的罗杰斯结婚了。这时正是20世纪30年代经济大萧条时期，为了支撑家庭，玫琳凯开始了她的销售职业生涯。

20岁的玫琳凯搬家到了达拉斯，在那里，她开始了一份家庭日用品销售的工作。11年后，因为刻苦和努力，玫琳凯已经积累了丰富的销售经验，她转到直销公司，并且把公司的销售区域扩展到43个州。

1963年在儿子理查的帮助下，玫琳凯倾其积蓄成立了玫琳凯化妆品公司，一个直销传奇也由此诞生了。这家以玫琳凯名字命名的公司，正是玫琳凯实现自我价值的开始，它提供给妇女不论在收入、事业发展及个人抱负等方面无限成长的机会，是帮助女人实现梦想的公司。她变传统的销售方式为面对面销售，直接为顾客提供最好的服务。

玫琳凯化妆品公司创立第一年，在十来个"美容顾问"（销售人员）的共同努力下，公司的销售收入达到20万美元，第二年迅速上升到80万美元，并且拥有了3000名女性组成的销售队伍。1976年，玫琳凯公司正式在纽约股票交易所上市，这是第一次由女性拥有的股票上市公司。此后，公司的业绩越来越好，从一个名不见经传的小公司成长为美国最大的护肤品直销商。今天，玫琳凯公司拥有85万多名独立的美容顾问，在五大洲的37个国家设有分支机构，每年的零售额超过150亿美元，玫琳凯的产品是全美面部护肤品和彩妆销售的第一名。《财富》杂志三次把玫琳凯公司列入全美最好的100家公司，是女性最佳选择的10个公司之一。玫琳凯女士于2011年11月22日与世长辞，但是她所创立的承载着无数女性美丽与财富梦想品牌，仍在不断发展和壮大。

玫琳凯年表

1918年5月12日，玫琳凯出生在美国得克萨斯州的霍特维尔斯小镇。

1935年，17岁的玫琳凯和第一任丈夫结婚。3年后离婚，独自带着3个孩子生活。

1950年，玫琳凯就职于世界礼品公司，因为不满于当时的男女不平等现象，她愤而辞职。

1963年9月13日，玫琳凯在美国达拉斯用自己的5000美元积蓄开了一家只有46平方米的店铺，这就是玫琳凯化妆品公司。

1965年，玫琳凯化妆品公司开发出了男士皮肤保养品，这也成了美国最早完整介绍男士护肤系列产品的公司之一。

1968年，玫琳凯公司开始发行股票。

1969年，玫琳凯送出第一批粉红色的凯迪拉克轿车给前五名督导，玫琳凯的达拉斯工厂竣工。如今，玫琳凯公司拥有的美国西南部最大化妆品生产厂房，大约有三个足球场大。

1971年，成立第一家海外分公司——澳大利亚分公司。

1973年，玫琳凯公司迎来了十周年庆，拥有21069名美容顾问。

1979年，玫琳凯的第一位美容顾问的酬金超过了100万美元。

1980年，玫琳凯公司将市场扩展到了阿根廷。

1981年，玫琳凯第一本自传出版。至今已经在全球销售了200万本以上。

1983年，玫琳凯化妆品公司迎来了二十周年庆，玫琳凯化妆品公司拥有了195000名美容顾问。

1984年，"美国100家最值得员工工作的公司"首次排名，玫琳凯名列其中；《玫琳凯谈人的管理》一书出版。

1985年，玫琳凯和她的儿子理查开始回购股票，将公司再一次变成私人名下的公司。

1987年，玫琳凯为公司名誉主席。

1989年，玫琳凯公司发起在化妆品行业首开先例拒绝使用动物实验。

1991年，玫琳凯公司的零售额突破10亿美元。

1992年，玫琳凯公司荣登《财富》杂志五百大企业之列。

1993年，玫琳凯再次成为"美国100家最值得员工工作的公司"，当时仅仅有55家公司连续两次上榜，成了10家最值得妇女工作的公司之一；玫琳凯公司三十周年庆；同时，拥有30年直销历史的玫琳凯博物馆在公司总部建成了；玫琳凯再次荣登《财富》杂志五百大企业之列。公司美容顾问总计340000名。

1994年，业务扩展至全球包括日本的22个市场。

1995年，玫琳凯首次进入中国市场，经由国家工商局批准，成为首批获准在中国经营的三家直销公司之一；4月，中国杭州工厂成立；玫琳凯公司再登"美国100家最值得员工工作的公司"榜；玫琳凯发行第三本书《你可以拥有一切》。

1996年，玫琳凯慈善基金会成立，作为非营利的公共基金会用于妇女癌症研究；销售业绩连续第十年持续增长；国际妇女论坛表扬玫琳凯公司对妇女地位的平等和提升都有贡献；玫琳凯·艾施在《富比士：历史上最伟大的企业故事》一书中与其他20家企业同时被报道。

1997年，零售总额超过20亿美元；玫琳凯慈善基金会提供50万美元给知名的癌症研究专家。

1998年，玫琳凯中国公司转型成功，成为获得国家批准并以合法雇用专业美容顾问进行产品推销的第一家专业化妆品公司；作为最值得员工工作的100家美国公司之一，玫琳凯的经营理念和经验与其他14家有显著特色的公司一起被载入《关爱——在竞争中》一书。

1999年，玫琳凯被授予20世纪商界杰出妇女称号；玫琳凯再次捐款50万美元给癌症研究机构，业务扩展到包括巴西在内的28个国家和地区。

2000年，玫琳凯慈善基金会在中国范围内向防止针对妇女暴力活动和妇女庇护所等项目提供了支持；《交互周刊》将玫琳凯化妆品公司命名为第四大全球在线零售公司；公司业务扩展至全球包括哈萨克斯坦、斯洛伐克和菲律宾在内共35个国家和地区。

2001年，建立玫琳凯个人网站，被直销协会授予"行业创新奖"。

2003年，玫琳凯公司的独立美容顾问人数超过100万；公司迎来四十周年庆。

2011年11月22日，83岁的玫琳凯·艾施在达拉斯的家中去世。